GUIDE

THÉORIQUE ET RAISONNÉ

DES HOMONYMES

FRANÇAIS

EXERCICES COMPLETS

PAR M. POISSON

EXERCICES

PARIS

CHEZ HACHETTE

1849

ÉTUDE

MÉTHODIQUE ET RAISONNÉE

DES HOMONYMES

FRANÇAIS

EXERCICES.

AVIS.

Tout exemplaire de cet ouvrage non revêtu de ma griffe, sera réputé contrefait.

L. Machette

TYPOGRAPHIE DE FIRMIN DIDOT FRÈRES,
IMPRIMEURS DE L'INSTITUT,
RUE JACOB, 56.

ÉTUDE

MÉTHODIQUE ET RAISONNÉE

DES HOMONYMES

FRANÇAIS

OU

EXERCICES COMPARÉS

SUR TOUS LES MOTS QUI, SOUS UNE MÊME PRONONCIATION
SUIVENT UNE ORTHOGRAPHE DIFFÉRENTE

PAR M. POITEVIN

Professeur de grammaire générale et de littérature

EXERCICES

DEUXIÈME ÉDITION, ENTIÈREMENT REFONDUE

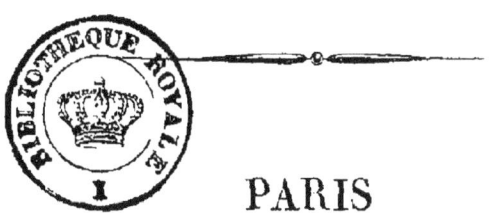

PARIS

CHEZ L. HACHETTE

LIBRAIRE DE L'UNIVERSITÉ ROYALE DE FRANCE

RUE PIERRE-SARRAZIN, 12

1841

PREFACE A LIRE.

Tout livre est ordinairement précédé d'une préface qu'on ne lit pas. Les quelques mots que nous plaçons forcément en tête de celui-ci n'en sont pas une, à proprement parler; mais avant-propos, préface ou avis, il faut de toute nécessité les lire si l'on veut comprendre cet ouvrage : ils en sont la clé et rien de plus.

Avant la publication de notre travail, rien de méthodique et de rationnel n'avait été fait sur la partie importante de notre langue connue sous le nom d'homonymes.

Un certain nombre de phrases bizarres où l'on s'était donné le pénible plaisir d'entasser, tous les homonymes d'une même espèce, voilà tout ce que présentaient sur cette matière quelques ouvrages destinés à l'enseignement.

De pareils exercices étaient presque autant d'énigmes dont les élèves ne trouvaient presque jamais le mot, attendu qu'ils n'en saisissaient que très-rarement le sens.

Fatiguer leur esprit au lieu de l'exercer, les rebuter d'une étude qu'on eût pu, sans beaucoup d'efforts, leur rendre facile et amusante, tel était communément le résultat de cette méthode.

Nous avons suivi dans cet ouvrage une marche toute différente; au lieu de présenter aux enfants des phrases longues et obscures, nous avons choisi au contraire avec le plus grand soin celles qui nous ont semblé les plus simples et les plus claires; notre but n'a pas été de leur créer des difficultés, mais de leur présenter de petits problèmes clairement posés dont la solution fût amusante pour eux. Nous les forçons ainsi d'étudier le sens et la physionomie de chaque mot, et de comparer entre eux les homonymes, que nous plaçons alternativement sous leurs yeux de manière à les leur faire passer tous en revue et à les leur apprendre aussi tous sans peine et sans fatigue.

Par ce moyen il y a pour l'élève nécessité absolue d'observer et de comparer, et de ce double travail de son esprit doit résulter non-seulement la connaissance d'un mot, mais encore la connaissance de tous ceux au milieu desquels il est obligé de le choisir.

Les homonymes rangés par ordre alphabétique sont divisés en séries à peu près égales et subdivisés en autant de groupes qu'il y a d'homonymes différents dans chaque page. Ces groupes portent des numéros auxquels correspondent, dans les exercices placés au-dessous, d'autres numéros qui occupent la place du mot sur lequel nous voulons fixer l'attention de l'élève. Au moyen du chiffre, l'élève remonte au groupe, et d'après le sens de la phrase, il sait, sans un long examen, quel mot il doit écrire.

Jamais livre n'a peut-être subi d'une première édition à une seconde, une transformation aussi complète que le nôtre; c'est un ouvrage tout neuf, fait avec de vieux matériaux. Nous espérons que les instituteurs et les institutrices approuveront les changements que nous avons cru devoir faire, et qu'ils nous sauront gré d'avoir, par la nouvelle forme que nous avons adoptée, simplifié leur tâche et rendu facile à leurs élèves une étude qui, pour être faite avec fruit, ne demandait qu'à être présentée avec méthode.

EXERCICES

SUR LES

HOMONYMES.

EXERCICES

HOMONYMES.

PREMIER EXERCICE.

HOMONYMES.

A

1 A (il), 3ᵉ pers. du v. avoir; il ne prend pas d'accent.
A, *prép.* prend l'accent grave.
As (tu), 2ᵉ pers. du v. avoir.
Ah ! cri de douleur ou de surprise.
Ha ! cri de joie, expression de moquerie.

2 Abbesse, *s. f.* supérieure d'un couvent.
Abaisse (j', il), du v. abaisser.
Abaisse, *s. f.* fond de toute pâtisserie.

3 Aboi, *s. m.* cri du chien.
Abois, *s. m. pl.* dernières extrémités.
Aboie (j', il), du v. aboyer.

4 Abord, *s. m.* voisinage, accès; manière d'accueillir.
Abhorre (j', il), du v. abhorrer.

5 Accord, *s. m.* union, convention.
Accore, *s. m.* ter. de marine, étai pour les vaisseaux.
Accort, *adj.* poli, complaisant.
Achores, *s. m. pl.* petits ulcères chez les enfants.

6 Ache, *s. f.* plante qui ressemble au persil.
Hache, *s. f.* instrument tranchant.
Hache (je, il), du v. hacher.

7 Acquet, *s. m.* chose acquise, profit, gain.
Haquet, *s. m.* petite charrette sans ridelles.

Phrases.

1 Rodrigue, ᴵ-tu du cœur ?

2 La ⁶ est toute prête, et le grand prêtre attend la victime.

3 Quelles idées il ¹. Vraiment elles sont plaisantes.

4 Cet homme ¹ un ⁴ très-dur.

5 Si vous saviez ¹ quel horrible spectacle j'ai assisté; ¹ ! j'en frémis encore.

6 Dans toute pâtisserie, l' ² est lourde.

7 Dans les jeux néméens, les Grecs donnaient quelquefois une couronne d' ⁶ aux vainqueurs.

8 Le fanatisme est ¹ la religion ce que l'hypocrisie est ¹ la vertu.

9 La meilleure amie de ces religieuses, c'est leur ².

10 Il y ¹ un merveilleux ⁵ entre toutes les parties de l'univers.

11 Grand Dieu, ² sur nous des regards de compassion.

12 Un proverbe dit qu'il n'y a si bel ⁷ que le don.

13 Les médecins nomment ⁵ les ulcères que les enfants ont ¹ la tête.

14 L'honnète homme ⁴ les gens qui affectent des vertus qu'ils n'ont pas.

15 Cet homme est ⁵, aimable et bienveillant avec tout le monde.

16 Quand le chien de la ferme ³, les chiens du voisinage ³ aussi.

17 Mon cabriolet, ¹ la nuit tombante, ¹ été accroché par un ⁸.

18 Clovis abattit, dit on, d'un coup de ⁶ la tête d'un de ses soldats.

19 Les ⁵ qui soutiennent ce vaisseau, sont des pièces de bois fort solides.

20 Il n'y a point de carte exacte des ⁴ de l'âme, de son assiette et de ses environs.

21 Ce malheureux ¹ épuisé toutes ses ressources et est réduit aujourd'hui aux derniers ³.

Homonymes.

1 ACQUIT, *s. m.* quittance.
ACQUIS, *partic. passé* du v. acquérir.

2 ACRE, *s. m.* mesure de terre; *nom* de ville.
ACRE, *adj.*

3 AGATE, *s. f.* pierre précieuse.
AGATHE, *nom pr.* de femme.

4 Aï, canton de Champagne. *Vin d'Aï.*
HAI, *partic. passé* du v. haïr.

5 AIE, 2ᵉ p. impér. et 1ʳᵉ p. du pr. du subj. v. avoir.
AIES (que tu) 2ᵉ p. du v. avoir.
HAIE, *s. f.* clôture d'épines.
AIS, *s. m.* planche.
HAIS (je), tu *hais,* il *hait,* du v. haïr.
ES (tu), 2ᵉ pers. v. être.
EST (il), 3ᵉ pers. v. être.

6 AIGUAYER, *v.* baigner; passer du linge à l'eau.
ÉGAYER, *v.* rendre gai.

7 AILE, *s. f.* aile d'un oiseau, d'un moulin.
AILE, *s. f.* espèce de bière anglaise.
ELLE, *pr. pers. f. sing.* au *pl.* elles.

8 AILÉ, *adj.* qui a des ailes.
HÉLER, *v.* terme de marine, appeler.

Phrases.

1 Un vrai chrétien ⁵ le péché; mais il ne ⁵ pas le pécheur.

2 Les ³ herborisées sont rares et précieuses.

3 Il y a toujours quelque chose de très- ² dans vos paroles.

4 J'ai pris ce livre pour me distraire et m' ⁶ un peu.

5 En Angleterre l' ⁷ est fort chère.

6 Le vin d' ⁴ est très-recherché.

7 La ⁵ vive, qui environne le parc, ⁵ haute et épaisse.

8 Il faut ⁶ ce linge et l'étendre au soleil.

9 Les oiseaux se servent de leurs ⁷ comme les poissons de leurs nageoires.

10 Il ⁵ un Dieu, maître absolu de l'univers.

11 Le bien mal ¹ ne profite jamais.

12 Pégase était, disent les poëtes, un cheval ⁸.

13 'Heureux celui qui n'a jamais ⁴ personne.

14 Toute petite fille qui se nomme ³ doit être bonne ou changer de nom.

15 Les ⁵ de chêne valent mieux, pour la construction, que les ⁵ de sapin.

16 Je pris le porte-voix pour ⁸ le navire qui passait au large.

17 Ce jeune homme a ¹ de nouveaux droits à l'estime et à l'amitié de tous les honnêtes gens.

18 L'homme amoureux de lui-même est presque toujours ⁴ et méprisé des autres.

19 Les paroles ont des ⁷ et passent sans s'arrêter ; l'Écriture est une parole morte qui dure plus que la parole vivante.

20 Les sots font la ⁵ et les sages passent leur chemin en souriant.

21 Un ² de terrain équivaut à un arpent et demi.

22 Il ⁵ faux qu'on ait fait fortune, lorsqu'on ne sait pas jouir du bien qu'on a ¹.

23 Si tu veux te faire aimer, ⁵ soin de dissimuler tes vices, jusqu'à ce que tu ⁵ pu t'en corriger.

24 Le temps repliant ses ⁷ dormira un jour sur les mondes détruits.

25 Quand on est parvenu à ⁸ un malade, on peut être certain qu'il est en voie de guérison.

26 Pour que notre force s'augmente, il suffit que nous ayons foi en ⁷.

27   Je ⁵ ces vains auteurs dont la muse forcée
      M'entretient de ses feux toujours froide et glacée.

Homonymes.

1 AINE, *s. f.* partie du corps.
AISNE, rivière et département de France.
HAINE, *s. f.* aversion, inimitié.

2 AIR, *s. m.* fluide, vent frais; manière; musique.
AIRE, *s. f.* place; *aire* de vent; nid; n. pr. de ville.
ÈRE, *s. f.* point d'où l'on a compté les années.
ERRE, *s. f.* allure, train; *aller grand'erre.*
ERRE (j', il), du v. errer.
HAIRE, *s. f.* chemise de crin.
HÈRE, *s. m.* homme sans mérite ou sans fortune.

3 ALÈNE, *s. f.* outil de cordonnier.
HALEINE, *s. f.* respiration.

4 ALLER, *v.* marcher, cheminer.
HALER, *v.* tirer un bateau avec une corde.
HÂLER, *v.* noircir le teint.

5 ALLIÉ, *s. m.* joint par une affinité; confédéré.
ALLIER, *v.* faire alliance; *n. pr.* d'une rivière.
HALLIER, *s. m.* buisson épais; filet.

6 AMANDE, *s. f.* fruit; graine contenue dans un noyau.
AMENDE, *s. f.* punition pécuniaire.

7 AMI, *s. m.* personne qu'on aime, *fém.* amie.
AMICT, *s. m.* linge qui fait partie de l'habillement
    des prêtres.

Phrases.

1 L' ² n'est pas moins utile aux plantes qu'aux animaux.

2 Un ⁷ est le plus précieux des trésors.

3 Il prit et reprit la cuirasse et la ².

4 Les aigles ne s'essayent pas à voltiger autour de leur ².

5 L' ³ du zéphyr balançait doucement les fleurs.

6 L' ⁶ de l'abricot est amère.

7 C'est par l' ⁷ que les prêtres commencent à s'habiller
pour dire la messe.

8 Les femmes, en Italie, portent des masques pour ne point se ⁴ le visage.

9 Il reçut une balle dans l'. ¹.,

10 L' ² atmosphérique est composé d'oxygène et d'azote.

11 La naissance de Jésus-Christ est l' ¹ des chrétiens, et la fuite de Mahomet est l' ² des mahométans, appelée ordinairement hégire.

12 On distingue trente-deux ² de vent.

13 Il faut ⁴ ce bateau et l'amarrer au rivage.

14 Le lièvre a disparu dans les ⁶.

15 On ne doit ⁴ à la fortune que par des voies honorables.

16 L'amour-propre est la cause de presque toutes nos ¹.

17 Le lait et l'huile d' ⁶ douces sont très-utiles à la santé.

18 Ce qu'on donne le plus libéralement, même à ses ⁷, ce sont les conseils.

19 Il n'est pas de si pauvre ² qui ne puisse trouver des gens plus à plaindre que lui.

20 Les orgueilleux savent ⁵ au besoin la vanité avec la bassesse.

21 Miltiade, condamné à une ⁶ qu'il ne put payer, mourut en prison.

22 Il faut tuer l'erreur, mais sauver celui qui ².

23 Tous les ouvriers qui confectionnent des ouvrages en cuir se servent d'³.

24 Le seul ⁵ constamment fidèle est un trésor bien rempli.

25 Les aigles bâtissent tous les ans leur ² au même endroit.

26 C'est à Château-Thierry, dans le département de l' ¹, qu'est né La Fontaine.

27 Il faut avoir beaucoup d' ³ pour être bon plongeur ou bon coureur.

28 La méditation tire l'âme d'une prison, et lui fait respirer un ² céleste.

Homonymes.

1 An, *s. m.* année, espace de douze mois.
   En, *pron.* et *prép.*

2 Anche, *s. f.* tuyau pour pousser l'air dans les instrum.
   Hanche, *s. f.* partie du corps humain.

3 Ancre, *s. f.* pièce de fer pour arrêter les vaisseaux
   Encre, *s. f.* liqueur pour écrire.

4 Ane, *s. m.* quadrupède, bête de somme.
   Anne, *nom pr.* de femme.

5 Anoblir, *v.* donner des lettres de noblesse.
   Ennoblir, *v.* rendre plus illustre.

6 Antre, *s. m.* caverne.
   Entre, *prép.* et *verbe.*

7 Anvers, *n. pr.* ville de Belgique.
   Envers, *s. m.* le côté le moins beau de l'étoffe; *prép*

8 Appas, *s. m. pl.* charmes, agrément.
   Appat, *s. m.* amorce, piége.

9 Appel, *s. m.* recours à un juge supérieur.
   Appelle (j', il), du *v.* appeler.

10 Après, *préposition.*
   Apprêt, *s. m.* préparatif.

Phrases.

1 L' ³ est le symbole de l'espérance.

2 Nous pouvons nous ⁵ par nos actions et nos vertus
mais le roi seul peut nous ⁵.

3 Quoi qu'on fasse, un ânon ne sera jamais qu'un ⁴.

4 Les mathématiques n'ont point d' ⁸ pour moi.

6 En Europe, on a vainement essayé de contrefaire l'
de Chine.

7 L'Équateur est à une égale distance ⁶ les deux pôles.

8 Les ² des hautbois et des clarinettes sont communémen
faites avec deux lames de roseau aminci.

9 Charles VIII prit pour femme [4] de Bretagne qui, devenue veuve, épousa Louis XII.

10 L'intérêt est un grand [8] pour beaucoup d'hommes.

11 Le jour de l' [1] est pour les enfants le plus beau jour de l'année.

12 Viendra-t-on quand j' [9] ?

13 Bien souvent l' [10] des viandes coûte plus que les viandes mêmes.

14 Nous ne pénétrâmes qu'en tremblant dans l' [6] de la Sibylle.

15 La beauté sans grâces est un hameçon sans [8].

16 La première pierre de l'église Saint-Sulpice a été posée par [4] d'Autriche.

17 Un sot peut faire plus de questions [1] une heure qu'un homme d'esprit n' [1] peut résoudre [1] un [1].

18 La finesse n'est ni une trop bonne, ni une trop mauvaise qualité ; elle flotte [6] le vice et la vertu.

19 La satire, [10] la mort des rois, court souvent parmi le peuple, pendant que les temples retentissent de leurs éloges.

20 On dit peu de choses solides quand on cherche à [1] dire d'extraordinaires.

21 Ne faites jamais d' [9] à celui qui n'est pas maître de lui-même.

22 Il faut toujours songer à bien faire et laisser venir la gloire [10] la vertu.

23 Il est en France peu de personnes pour lesquelles les voyages sur mer aient des [3].

24 Le roi a le pouvoir de vous [5], mais votre mérite seul peut vous [5].

25 On donne le nom de [2] à la partie du corps dans laquelle s'emboîte le haut de la cuisse.

26 La justice humaine est impuissante à punir les illustres scélérats ; elle en [9] à l'éternelle justice.

1.

Homonymes.

1 Arc, *s. m.* arcade; *nom pr.* ville du Barrois,
Arques, ville et rivière de Normandie.

2 Archier, *s. m.* homme d'armes.
Archet, *s. m.* petit arc tendu avec des crins.

3 Are, *s. m.* nouvelle mesure agraire.
Art, *s. m.* talent.
Hart, *s. f.* lien d'osier; supplice.
Hard, *s. m.* outil de gantier.
Arrhes, *s. f. pl.* gages, assurances.

4 Arête, *s. f.* petits os des poissons.
Arrête (j', il), du v. arrêter.

5 Arras, *n. pr.* de ville.
Haras, *s. m.* lieu où l'on élève les chevaux.
Ara ou Haras, *s. m.* gros perroquet.

6 As, *s. m.* carte; monnaie des Romains.
Hase, *s. f.* femelle du lièvre.

7 Au, *art. contr. s. m.* pour *à le*; au plur. *aux.*
Aulx, *s. m. pl.* de ail.
Haut, *adj.* élevé; fier.
Eau, *s. f.* l'élément liquide.
O! signe d'invocation; il est suivi d'un substantif.
Oh! cri de surprise; *ho!* cri d'indignation, d'éton.
Os, *s. m.* partie la plus dure du corps des animaux.

Phrases.

1 Les [5] sont aujourd'hui nombreux et bien entretenus.

2 Les oignons et les [7] sont les légumes dont se nourrissent le plus ordinairement les montagnards espagnols.

3 On donne aux [7] des poissons le nom d' [4].

8 Il faut cent [3] pour faire un hectare.

5 Dans un jeu de cartes il y a quatre [6].

6 Nous ne buvons qu'à prix d'or l' [7] qui coule de nos fontaines.

7 Maladroit lecteur, [7] nom du ciel, [4]!

8 Les présents sont des ³ d'amitié.

9 L'émulation et la jalousie ne se rencontrent guère que dans les personnes de même ³ et de même condition.

10 Un ² lança contre Philippe, roi de Macédoine, une flèche qui l'atteignit dans l'œil.

11 Il est plus facile de couper que de délier la ³ d'un fagot.

12 ⁷ mon maître! ⁷ mon roi! quelles humiliations vous avez souffertes!

13 Toutes les ⁶ sont rentrées dans les taillis et ont disparu de la plaine.

14 La vie est courte, et l' ³ est long.

15 On ne comprend pas qu'il reste aujourd'hui en Europe tant d' ³ de terrain en friche.

16 La constance des sages n'est que l' ³ de renfermer leur agitation dans leur cœur.

17 Ceux qui s'appliquent trop ⁷ petites choses deviennent ordinairement incapables des grandes.

18 Dans la main de Paganini, l' ² tirait du violon des sons merveilleux.

19 Du pain et de l' ⁷, un toit et des vêtements, voilà le but de l'ambition de beaucoup de malheureux.

20 De tous les perroquets, les ⁵ sont ceux dont le plumage est le plus éclatant et le plus beau.

21 Jamais la fortune n'a placé un homme si ⁷ qu'il n'eût besoin d'un ami.

22 Les bienfaits sont des ³ pour le ciel.

23 La première monnaie des Romains, l' ⁶, était de cuivre, et ne portait aucune empreinte.

24 On prépare le sel ammoniacal en distillant les ⁷ de certaines espèces d'animaux, qu'on a mêlés à toutes sortes de chiffons de laine.

25 Pour la plus légère faute, les seigneurs condamnaient à la ³ leurs malheureux vassaux.

Homonymes.

1 AUSPICE, *s. m.* divination, présage.
AUSPICES, *s. m. pl.* protection. Sous les *auspices* de Dieu.
HOSPICE, *s. m.* asile ouvert aux pauvres et aux malades.

2 AUSTER, *s. m.* vent du midi.
AUSTÈRE, *adj.* rigide, rigoureux, sévère.

3 AUTAN, *s. m.* vent du midi, vent d'orage.
AUTANT, *adv.* de quantité.
OTANT, *part. pr.* du v. ôter.

4 AUTEL, *s. m.* table où le prêtre fait les sacrifices.
HÔTEL, *s. m.* gr. maison, auberge, hôpital; *Hôtel*-Dieu.

5 AUTEUR, *s. m.* celui qui a fait un ouvrage, une action.
HAUTEUR, *s f.* élévation; orgueil, arrogance.
HOTTEUR, *s. m.* celui qui porte la hotte.

6 AUTRE FOIS *adj.* et *subst.* Une *autre fois.*
AUTREFOIS, *adv.* de temps, jadis.

7 AVANT, *prép.*
AVENT, *s. m.* le temps qui précède la fête de Noël.

8 AZOTE, *s. m.* gaz, fluide.
AZOTH, *s. m.* principe des métaux; terme d'alchimie.

Phrases.

1 L' ⁸ qui entre dans la composition de l'air atmosphérique ne peut seul entretenir la respiration.

2 Un proverbe dit : ³ d'hommes, ³ de sentiments.

3 Quand on est décidé à vaincre ou à mourir, qu'importe que les ¹ soient favorables ou contraires.

4 On n'apposait pas ⁶ dans les actes sa signature, mais son sceau.

5 La Fontaine et Molière sont les ⁵ favoris de presque tous les penseurs.

6 Bossuet a prêché devant la cour pendant l' ⁷ et pendant le carême.

7. Quand l' ³ souffle avec violence, il annonce presque toujours la tempête.

8 Un magistrat doit se montrer tout à la fois bon et ².

9 En ce moment les ⁴ de Paris sont pleins d'étrangers.

10 Rome fut fondée plus de sept cents ans ⁷ Jésus-Christ.

11 C'est saint Louis qui fonda l' ¹ des Quinze-Vingts.

12 Ils jetèrent la sonde pour connaître la ⁵ de la mer, mais ils ne purent en toucher le fond.

13 L'humide ¹ règne et attriste les campagnes.

14 Dieu ne laisse pas impunie la profanation de ses temples et de ses ⁴.

15 Les Grecs et les Romains attachaient une ridicule importance aux ¹.

16 Les meilleurs ⁵ écrivent trop, non pas pour nos plaisirs, mais pour leur gloire.

17 Il est certain qu'en ³ l'avarice et la paresse de ce monde, Dieu pourrait tarir les sources les plus fécondes de nos misères.

18 Refuser une fois les louanges, c'est souvent manifester le désir d'être loué une ⁶.

19 Le gaz ⁸ a été découvert par Lavoisier en 1775.

20 La tour de Strasbourg a cent quarante-deux mètres de ⁵; la plus haute des pyramides d'Égypte n'a en ⁵ que quatre mètres de plus.

21 Les forêts ont été les premiers temples, et les premiers ⁴, des bancs de gazon.

22 Dans toute l'Église romaine, l' ⁷ n'a aujourd'hui que quatre dimanches; le premier dimanche de l' ⁷ est celui qui est le plus proche de la Saint-André.

23 Quelle différence entre les mœurs d' ⁶ et celles d'aujourd'hui !

24 Les alchimistes donnaient le nom d' ⁸ à ce qu'ils regardaient comme le principe de tous les métaux.

B

Homonymes.

1 BACCHANAL, *s. m.* grand bruit.
BACCHANALE, *s. f.* débauche ; *s. f. pl.* fêtes de Bacchus.

2 BAI, *adj.* rouge brun ; cheval bai.
BAIE, *s. f.* petit golfe ; petit fruit.
BEY, *s. m.* gouverneur turc.

3 BAL, *s. m.* assemblée où l'on danse.
BALLE, *s. f.* paquet ; pelote pour les armes à feu.

4 BALAI, *s. m.* instrument pour nettoyer.
BALAIS, *s. m.* rubis d'un rouge pâle.
BALLET, *s. m.* danse dramatique.

5 BAN, *s. m.* proclamation ; convocation ; déchéance ; exil.
BANC, *s. m.* siége long.

6 BAR, *nom pr.* de plusieurs villes.
BARD, *s. m.* civière à bras.
BARRE, *s. f.* pièce de bois ; trait de plume ; tribunal.
BARRES, *s. f. pl.* jeu.

7 BAS, *s. m.* chaussure.
BAS, *adj.* peu élevé ; vil.
BAT, *s. m.* selle des bêtes de somme.
BAT (il) *v.* battre.
BAH ! *interj.* expression de doute.

Phrases.

1 Les ² de la côte de Normandie ne sont pas toujours sûres.

2 ⁷ ! que toutes ses menaces ne vous épouvantent point.

3 Beaucoup de personnes souscrivent à tous les ³ donnés au profit des pauvres, et n'assistent à aucun.

4 Il y a dans un combat plus de ³ perdues que de ³ qui portent.

5 Il y a des hommes qui sont de véritables ⁶ de fer; on les ferait plutôt rompre que plier.

6 Des esprits ⁷ et rampants ne s'élèvent jamais jusqu'au sublime.

7 Les anciens célébraient, en l'honneur de Bacchus, des fêtes, que de son nom on appelait ¹.

8 Qui travaille, ⁷ monnaie.

9 Les chevaux qui ont le poil ²-doré sont d'un plus grand prix que les autres.

10 Les rubis ⁴ se trouvent dans l'île de Ceylan; ils sont produits par une matière pierreuse de couleur rose.

11 On y a fait publier un ⁵ par lequel il est enjoint à tous les soldats de ne pas sortir du camp.

12 Il est dangereux pour les porteurs de charger trop un ⁶; car il peut rompre et les blesser.

13 Les ⁷ de Tunis possèdent une partie du territoire de l'ancienne Carthage.

14 En tout temps l'âne porte son ⁷ et sa charge sans murmurer ni se plaindre.

15 Henri IV avait ses ⁷ et son pourpoint troués quand il entra dans Paris.

16 Les enfants aiment beaucoup à jouer à la ³ et aux ⁶.

17 Le duc de Guise, qui reçut le surnom de Balafré, est né à ⁶.

18 Calypso aperçut des ⁵ de rameurs et des cordages flottants vers la côte.

19 Les ⁴ sont devenus une partie importante des opéras modernes.

20 Celui qui porte les armes contre sa patrie est un fils dénaturé qui ⁷ sa mère.

21 C'est avec les petites branches du bouleau qu'on fait les ⁴ communs.

22 Nous sommes entre les mains de Dieu comme les ³ entre celles des joueurs de paume.

Homonymes.

1 BASILIC, *s. m.* plante ; serpent.
   BASILIQUE, *s. f.* grande église.

2 BATISTE, *s. f.* toile fine de lin.
   BAPTISTE, *nom pr.* d'homme.

3 BATH, *nom. pr.* ville d'Angleterre.
   BATTE, *s. f.* maillet ; sabre de bois d'Arlequin.
   BATTE (que je, qu'il), *v.* battre.

4 BAU, *s. m.* solive pour affermir le bordage.
   BAUD, *s. m.* chien courant de Barbarie.
   BEAU, BEAUX, *adj.* agréable ; remarquable.
   BAUX, *s. m. pl.* de *bail*, contrat de louage.
   BOT, *adj.* contrefait, *pied bot*.

5 BÉCARRE, *s. m.* caractère de musique.
   BECCARD, *s. m.* femelle ou variété du saumon.

6 BÉNI, *adj.* et *partic.*, favorisé du ciel.
   BÉNIT, *adj.* et *partic.*, consacré par le prêtre.

7 BIÈRE, *s. f.* cercueil.
   BIÈRE, *s. f.* boisson.

8 BILE, *s. f.* humeur.
   BILL, *s. m.* projet de loi.

Phrases.

1 Dieu doit être glorifié et [6] par les rois qui tiennent ici-bas sa place.

2 Le dimanche des Rameaux, on distribue dans chaque église du buis [6].

3 La ville de [3] est renommée pour ses eaux minérales.

4 Les fortes haines ne s'enracinent que dans le cœur des personnes dominées par une grande abondance de [8].

5 Le [1] habite l'Amérique méridionale.

6 Il est [4] d'oublier les injures, et plus [4] de s'en venger par des bienfaits.

7 De toutes les toiles la [2] est la plus belle et par conséquent la plus chère.

8 On ne boit nulle part autant de [7] qu'en Hollande.

9 Qu'il soit à jamais [6] le Dieu qui chaque jour nous comble
de nouveaux bienfaits !

10 Les musiciens mettent un [5] devant une note qui avait
été haussée ou baissée d'un demi-ton, afin de la rétablir
dans son ton naturel.

11 Après l'expiration des [4], cette maison sera abattue.

12 La [1] de Saint-Pierre de Rome est un des plus [4] monuments élevés au culte chrétien.

13 On pêche de [4] corail près d'Ajaccio.

14 Le dernier [8] a été adopté au parlement à l'unanimité
des voix.

15 Les chiens [4] cessent d'aboyer quand le cerf vient au
change.

16 Par une singularité bizarre et malheureuse, tous les
enfants de cet homme sont pieds [4].

17 On pêche dans la Loire de fort gros [5].

18 La [7] était la boisson commune et ordinaire de la plus
grande partie de l'Égypte.

19 On a donné à toutes les légions des étendards et des
drapeaux [8].

20   Le [4] ne plaît qu'un jour, si le [4] n'est utile.

21 On croit que [2] Chambrai fabriqua le premier, au trei-
zième siècle, la toile qui de son nom a été appelée [2].

22 Dans les anciennes comédies italiennes, Arlequin ne
paraissait jamais sans être armé de sa [3].

23 On donnait autrefois le nom de [1] aux églises qui étaient
particulièrement destinées à honorer la mémoire des martyrs
et à conserver leurs reliques.

24 Le grand [4] ou le maître [4] sert à fixer les dimensions
des mâts et des vergues.

Homonymes.

1 Bis , mot invar. une seconde fois.
Bise , *s. f.* vent du nord.
Bise , *adj. f.* de *bis* , brun.

2 Bivac , *s. m.* garde , station.
Bivaque (je , il) , du v. bivaquer ; stationner.

3 Bleime , *s. f.* inflammation au sabot d'un cheval.
Blême , *adj.* pâle.

4 Bois , *s. m.* corps dur ; petite forêt.
Boit (il) , 3ᵉ pers. du v. boire.

5 Bombay , île d'Asie.
Bombait (il) , du v. bomber.
Bombé , *partic. passé* du v. bomber.

6 Bon , *s. m.* billet , mandat.
Bon , *adj.* qui a de la bonté.
Bond , *s. m.* saut.

7 Bonace , *s. f.* calme (terme de marine).
Bonasse , *adj.* simple.

8 Bone ou Bonn , nom de ville (Afrique).
Bonne , *adj. f.* de bon.

9 Bosse , *s. f.* grosseur , élévation ; modèle en plâtre.
Beauce , *s. f.* ancienne province de France.

Phrases.

1 Le ⁶ accueil que les grands font aux petits est un tribut que la grandeur paie à l'humanité.

2 Il y a presque de la cruauté à se jouer d'un homme d'un caractère facile et ⁷.

3 Les toiles ¹ de Bretagne n'acquièrent quelque blancheur qu'après un long usage.

4 C'est une chose agréable à un esprit cultivé que la ⁸ compagnie.

5 Il est peu de couplets de vaudeville qui méritent les honneurs du ¹.

6 Les daims et les chevreuils vont par sauts et par [6].

7 Étampes, ville de la [9], fournit à Paris ses plus belles farines.

8 Sous un verre [5] on conserve longtemps des objets sur lesquels l'air aurait une action fâcheuse.

9 Un [6] livre est un [6] ami.

10 Bien souvent la tempête est précédée d'une [7].

11 Le port de [5] peut contenir plus de mille vaisseaux.

12 Le chameau a deux [9] sur le dos; mais le dromadaire, qui est de l'espèce du chameau, n'a qu'une seule [9].

13 Il y a des hommes qui sont de vrais comédiens, ils deviennent rouges ou [3] à volonté.

14 Nous voyions de loin les feux des [2] des deux armées.

15 Mascara, Constantine et [6] sont, après Alger, les principales villes de la régence.

16 Quiconque [4] a longs traits dans la coupe des voluptés, passe de l'ivresse au dégoût.

17 Un clou trop enfoncé suffit pour déterminer une [3] au sabot d'un cheval.

18 Les marins donnent le nom de [1] à un vent sec et froid qui souffle du Nord.

19 Les troupes [2] souvent sur la glace et dans la neige.

20   Le [4] le plus obscur et le moins fréquenté
     Est, au prix de Paris, un lieu de sûreté.

21 La [8] morale prépare les [8] lois.

22 C'est n'être [6] a rien que de n'être [6] qu'à soi.

23 Il est utile de dessiner en même temps d'après la [9] et d'après nature.

24 Il y a des gens qui affectent un air simple et [7] pour tromper plus sûrement.

Homonymes.

1 BOUE, *s. f.* fange.
BOUT, *s. m.* extrémité, fin.
BOUT (il), **du v.** bouillir.

2 BOULAIE, *s. f.* lieu planté de bouleaux.
BOULET, *s. m.* balle de fer pour un canon.

3 BOUILLI, *s. m.* viande bouillie; et *part. passé.*
BOUILLIE, *s. f.* lait et farine bouillis.

4 BOURG, *s. m.* gros village; *nom pr.* de ville.
BOURRE, *s. f.* amas de poils.
BOURRE (je, il), **du v.** bourrer.

5 BRAI, *s. m.* suc résineux, matière pour calfater.
BRAIE, *s. f.* lange, couche.
BRAIT (il), **du v.** braire.

6 BRIE, *s. f.* nom d'une ancienne prov. de France
BRIS, *s. m.* rupture d'un scellé ou d'une porte; débris

7 BRIGAND, *s. m.* voleur.
BRIGUANT, *part. pr.* du v. briguer.

8 BROCARD, *s. m.* raillerie.
BROCART, *s. m.* étoffe brochée.
BROQUART, *s. m.* bête fauve d'une année.

Phrases.

1 Lyon fabrique des [3] d'or et d'argent.

2 Le [5] est un suc résineux extrait du pin et du sapin.

3 Un magistrat seul peut opérer le [6] des scellés posés par autorité de justice.

4 Meaux était la capitale de la haute [6]; Provins, de la basse [6]; et Château-Thierry de la [8] pouilleuse.

5 Il y a des âmes pétries de [1], et capables d'une seule volupté, celle d'acquérir.

6 Le chef-lieu du département de l'Ain, [4], a donné naissance à Vaugelas.

7 Mon père a acheté une ² contigue à sa campagne.

8 On dit d'un homme qui s'est tiré heureusement d'une mauvaise affaire, qu'il en est sorti les ⁵ nettes.

9 Les matelas des hôpitaux ne sont pas en laine, mais en ⁴ lanice.

10 Les nobles signaient autrefois leurs engagements avec le ¹ de leur gant trempé dans l'encre.

11 Ce n'est pas en ⁷ les faveurs qu'on se rend digne de les obtenir.

12 Turenne fut atteint d'un ² de canon au moment où il donnait ses derniers ordres pour la bataille qui allait s'engager.

13 L'âne ⁵ quand il sent qu'on le ramène à l'écurie.

14 Le sang lui ¹ dans les veines.

15 Quelque patience qu'on ait, on peut fort mal prendre les ⁸ de certaines gens.

16 Les chiens eurent à peine pénétré dans les taillis qu'ils lancèrent un ⁶.

17 Une ligne est un bâton qui a une bête à chaque ¹.

18 On mange peu de ³ en Angleterre.

19 Les conquérants ne sont que des ⁷ couronnés.

20 Les lois infligent une peine très-sévère à celui qui se rend coupable du ⁶ d'un scellé.

21 L'homme faible hurle avec les loups, ⁵ avec les ânes, et bêle avec les moutons.

22 La ³ est la nourriture la plus légère qu'on puisse donner aux petits enfants.

23 Je me promenais dans la ², voisine du parc, quand j'entendis la détonation d'une arme dont la ⁴ vint tomber à mes pieds.

24 Dans les constructions marines, on fait un grand usage de ⁵ pour calfater.

Homonymes.

1 BROU, *s. m.* écale, enveloppe verte des noix ; liqueur
   BROUT , *s. m.* pousse des jeunes taillis au printemps

2 BRUIR, *v.* décatir une étoffe, en amortir la roideur
   BRUIRE, *v.* rendre un son confus.

3 BRUT, *adj.* qui n'est pas poli.
   BRUTE, *s. f.* animal ; homme sans raison.

4 BU , *part. passé* du v. boire.
   BUT, *s. m.* point que l'on vise ; intention.

5 BUTE , *s. f.* outil de maréchal.
   BUTE (je , il), *v.* buter ; toucher au but ; *pr.* se fixer
   BUTTE , *s. f.* tertre ; au figuré , point de mire.
   BUTTE (je, il), du v. butter ; garnir de terre ; broncher

C

6 CABILLAUD , *s. m.* sorte de petite morue fraîche.
   CABILLOT *s. m.* cheville de bois (terme de marine)

7 C'A, *pr. contr. pour* cela a.
   ÇA, *adv.* de lieu.
   SA, *adj. poss. f.* de son.
   SAS , *s. m.* espèce de tamis.

Phrases.

1 Le [6] est un poisson fort délicat.

2 Il est difficile d'estimer un diamant [3] à sa juste valeur

3 Nous errâmes longtemps [7] et là avant de trouver un refuge.

4 On fait confire des noix avec leur [1].

5 L'instinct tient lieu de raison aux [3].

6 La [5] d'un maréchal est d'un acier très-pur.

7 Mourir pour [7] patrie et pour [7] religion , c'est subir la mort la plus glorieuse.

8 Que de sang a ⁴ la terre depuis que les hommes se font la guerre !

9 Les artichauts et les cardons ne blanchissent point si on ne les ⁵ avec soin.

10 Au printemps, les cerfs courent au ¹.

11 Venez ⁷ que je vous parle.

12 Il ne faut jamais aller à son ⁴ par des voies détournées.

13 Nous avons sur le navire des ⁶ de toutes grosseurs, en cas d'accidents.

14 Ce cheval est vicieux ; il ⁵ a chaque pas.

15 Le plâtre dont on se sert pour les enduits a été passé au ⁷.

16 On entend le vent ² dans la forêt.

17 ⁷ été de tout temps l'injustice du monde d'attribuer à la vertu les faiblesses de l'homme.

18 Le plus grand défaut de la pénétration n'est pas de ne point aller jusqu'au ⁴ ; c'est de le dépasser.

19 Les diamants ³ se trouvent dans les fentes des rochers de Golconde.

20 On fait d'excellente liqueur avec du ¹ de noix.

21 Cet homme ne se fâche jamais, quoiqu'il soit en ⁵ aux plaisanteries de chacun.

22 Dieu a incliné le front de la ³ vers la terre, et a élevé le front de l'homme vers le ciel.

23 La lumière et l'humidité ont une action très-grande sur les étoffes qu'on n'a pas fait ².

24 On expédie, tous les hivers, de Calais à Paris un très-grand nombre de ⁶.

25 Voir le ⁴ où l'on tend, c'est jugement ; y atteindre, c'est justesse ; s'y arrêter, c'est force ; mais dépasser le ⁴ est témérité.

26 Le legs le plus précieux qu'un honnête homme fasse à ⁷ famille, c'est l'exemple de ⁷ vie.

Homonymes.

1 CACHET, *s. m.* petit sceau.
CACHÉ, *part. passé* du v. cacher.

2 CACIS, *s. m.* arbuste, liqueur.
CASSIE, *s. f.* espèce d'acacia des Indes.

3 CACHOS, *s. m.* plante.
CACHOT, *s. m.* prison obscure.

4 CADI, *s. m.* magistrat turc.
CADIS, *s. m.* espèce de serge commune.
CADIX, *n. pr.* ville d'Espagne.

5 CADRAN, *s. m.* surface où sont marquées les heures.
CADRANT, *part. pr.* du v. cadrer, convenir.

6 CAHOT, *s. m.* saut d'une voiture sur un chemin raboteux.
CHAOS, *s. m.* confusion.

7 CAILLÉ, *adj.* coagulé, figé; *subst.* lait caillé.
CAHIER, *s. m.* feuilles de papier réunies; mémoire.

8 GAL, *s. m.* durillon; soudure d'un os rompu.
CALE, *s. f.* fond du navire; support.
CALE (je, il), du v. caler; mettre une cale; enfoncer.
CALLE (La), comptoir d'Afrique.

9 CALAMBOUR, *s. m.* bois odoriférant des Indes.
CALEMBOURG, *s. m.* jeu sur le double sens d'un mot.

Phrases.

1 Pour les paysans, le 7 est un régal.

2 Un 4 est, chez les Turcs, un magistrat qui remplit les fonctions de juge.

3 Les États provinciaux adressaient quelquefois aux rois des 7 qui contenaient de sévères réprimandes.

4 Il y a fort peu de 9 qu'un homme d'esprit voudrait avoir faits.

5 Les 1 portent les chiffres ou les armes des particuliers.

6 Ce fut Anaximandre qui enseigna aux Grecs l'usage des [5] solaires.

7 C'est à fond de [3] qu'on dépose ordinairement les marchandises et tous les objets de transport.

8 La [2] a été rapportée des Indes et cultivée avec soin en Italie et en Provence.

9 On donne souvent au [9] le nom de bois d'aloes.

10 Autrefois le [4] était employé pour tapisseries et pour tentures.

11 Les routes de France sont si mauvaises, qu'en les parcourant en voiture on est exposé aux plus rudes [6].

12 Dans quelques cantons d'Auvergne, le peuple ne se nourrit que de [7] et ne boit que du petit lait.

13 Charlemagne a fait sortir l'Europe du [6] obscur ou avant lui elle était plongée.

14 Le maniement des rènes fait venir des [8] aux mains de presque tous les cochers.

15 Les prisonniers de guerre ont, en Angleterre, la [8] des vaisseaux pour [3].

16 On fait avec le [2] une liqueur parfumée dont le goût est excellent.

17 Les ottomans ont un profond respect pour leurs [4].

18 Quoique l'or fût [1] dans les entrailles les plus profondes de la terre, les hommes surent le trouver.

19 La fleur de la [2] a une odeur moins agréable que la fleur de l'accacia.

20 Les faux amis sont comme l'ombre du [5] solaire ; ils s'évanouissent avec le soleil.

21 L'homme est un [6] dans lequel la lumière et les ténèbres sont mêlées.

22 Le [1] de la médiocrité, en tout genre, est de ne pas savoir se décider.

Homonymes.

1 CAMP, *s. m.* lieu occupé par une armée en campagne
CAEN, *nom pr.* de ville, (Normandie).
KAN, *s. m.* commandant tartare ; marché en Orient
QUAND, *adv.* et *conj.*
QUANT, *conj.* A l'égard de.

2 CANAUX, *s. m. pl.* de canal.
CANOT, *s. m.* bateau, chaloupe.

3 CANDI, *adj.* (sucre), cristallisé.
CANDIE, *nom pr.* île de la Méditerranée.

4 CANE, *s. f.* femelle du canard.
CANNE, *s. f.* bâton, roseau.
CANNES, *nom pr.* d'un petit bourg de la Pouille.

5 CAP, *s. m.* promontoire.
CAPE, *s. f.* vêtement ; grande voile.
CAPPE, *s. f.* croûte qui se forme sur le cidre.

6 CAPITAL, *s. m.* principal ; *adj.* important—de mort.
CAPITALE, *s. f.* résidence du roi.

7 CAR, *conjonction.*
QUART, *s. m.* la quatrième partie d'un entier.
CARRE (je, il), *v.* carrer, rendre carré ; *pron.* se pavaner.

Phrases.

1 La Sicile a été appelée autrefois Trinacrie, à cause de ses trois [5] ou promontoires.

2 Le sucre [3] blanc est le plus commun ; mais il y a du [3] de toutes couleurs.

3 Les branches de houx fournissent de redoutables [4] et des manches de fouets très-solides.

4 Dans toute l'étendue de la grande Tartarie les [1] gouvernent au nom de la divinité.

5 Les sauvages se servent de [2] faits de troncs d'arbres.

6 On n'est pas digne de soutenir la vérité, [1] on peut aimer quelque chose plus qu'elle.

7 Je pense, a dit un philosophe, donc Dieu existe; ⁷ ce qui pense en moi, je ne le dois pas à moi-même.

8 Gagnons l'estime des honnêtes gens; ¹ à l'opinion de la multitude, ménageons-la sans la flatter.

9 Les bergers des montagnes portent tous des ⁵.

10 Il y a une espèce de ⁴ dans l'Inde qui est de moitié plus grosse que nos ⁴ communes.

11 La ville de ¹ a donné naissance à Malherbe.

12 Rome l'antique, ⁶ des Césars, est aujourd'hui la ⁵ du monde chrétien.

13 Que la nature est sèche et vide, ¹ elle est expliquée par des sophistes!

14 Un homme économe ne dépense qu'une partie de son revenu, et ne touche jamais au ⁶.

15 L'île de ³ a été anciennement très-célèbre.

16 Paris abonde en amis intimes d'un ⁷ d'heure.

17 Après la bataille de ¹, Rome ne désespéra pas encore de la fortune.

18 On doit être content de soi, ¹ on donne un bon conseil, et plus content, ᵀ on donne un bon exemple.

19 La France est traversée par un grand nombre de ² qui rendent les transports faciles et rapides.

20 Fuyez les gens dont la langue est envenimée et qui médisent du tiers et du ⁷.

21 L'orgueilleux s'admire, se ⁷ et s'efforce d'attirer sur lui les regards de la foule.

22 Dans tous les États de l'Europe, excepté en France, le crime de fausse monnaie entraîne la peine ⁶.

23 De ce que promet l'espérance il faut toujours rabattre les trois ⁷.

24 Cet homme est un fanfaron qui se pavane et se ⁷, quoiqu'il n'ait que la ⁵ et l'épée.

Homonymes.

1 CARIER, *v.* se gàter.
CARRIER, *s. m.* ouvrier qui travaille aux carrières.

2 CARTE, *s. f.* pour jouer; représentation d'un pays.
QUARTE, *s. f.* mesure; *adj.* fièvre—de 4 en 4 jours.

3 CARTIER, *s. m.* marchand de cartes.
. QUARTIER, *s. m.* partie d'un tout; gràce, *faire*—.

4 CE, *adj.* et *pronom démonst.*
SE, *pronom* de la 3ᵉ pers.

5 CENS, *s. m.* dénombrement, redevance.
SENS, *s. m.* faculté de sentir, organe; jugement; côté.
SENS, *nom pr.* ville de France.

6 CENT, *adj. numér.* dix fois dix.
SANG, *s. m.* fluide vital; race.
SANS, *préposition.*
SENS (je, tu), du v. sentir.
SENS, dans cette locution, *sens* dessus dessous.
SENT (il) du v. sentir.

7 CEP, *s. m.* pied de la vigne.
CES, *adj. dém. pl.* des deux genres.
SES, *adj. poss. pl.* des deux genres.
SAIE, *s. f.* brosse; ancien vêtement de guerre.
SAIT (il), du v. savoir; je *sais*, tu *sais*.

Phrases.

1 Un incendie a devoré tout un ³ de la ville.

2 Les Germains portaient des ⁷ de poil de chèvre.

3 Une mappe-monde est une ² où le monde connu est figuré dans son ensemble.

4 Un éboulement a fait périr trois malheureux ¹.

5 ⁴ qu'on apprend bien ⁴ retient toujours.

6 La Turquie produit des ⁷ de vigne qui rapportent du raisin sept fois l'année.

7 Il n'y a rien qui rafraîchisse le ⁶ comme une bonne action.

8 En Portugal on met quelquefois des troupes en ³ d'été; car pendant les chaleurs, elles ne peuvent pas toujours tenir la campagne.

9 La noblesse du cœur ne se communique pas toujours avec le ⁶.

10 Pour être électeur, il faut payer un ⁵; et un ⁵ plus élevé pour être éligible.

11 ⁴'est une grande richesse que de ⁴ contenter de ⁴ qu'on a.

12 L'araignée vit de ⁷ filets comme le chasseur de sa chasse.

13 Le coupable ⁶ tôt ou tard le remords déchirer son cœur.

14 La haine et l'ambition peuvent ⁷ l'âme et ronger la vie.

15 Les trois ⁶ Spartiates ont légué à la postérité un impérissable souvenir.

16   A vaincre ⁶ péril, on triomphe ⁶ gloire.

17 Quelque temps que l'homme ait consacré à l'étude, il ⁷ peu de chose quand le moment de mourir arrive.

18 ⁴'est acheter cher un repentir que de ⁴ ruiner pour une fantaisie.

19 Plus on occupe son esprit, moins on ⁶ le besoin d'occuper son cœur.

20 Point de ³ aux méchants, point de ³ aux hypocrites, et point d'indifférence pour la cause des gens de bien.

21 Quoique le bon ⁵ soit rare, il n'est admiré de personne.

22 Celui qui ⁷ tout ⁴ qu'il ignore, en ⁷ beaucoup plus que de très-habiles gens.

23 Quand la passion prend la place du bon ⁵, il est impossible que tout n'aille pas ⁶ dessus dessous.

Homonymes.

1 CERF, *s. m.* quadrupède.
SERF, *s. m.* esclave.
SERRE, *s. f.* lieu couvert ; pieds des oiseaux de proie.
SERRE (je, il), du v. serrer.
SERT (il), du v. servir ; je *sers*, tu *sers*.

2 CET, *adj. dém. m. sing.*
CETTE, *adj. dém. f. sing.*
SEPT, *adj. numér.*
SETH, *nom* du troisième fils d'Adam.

3 CHAÎNE, *s. f.* suite d'anneaux.
CHÈNE, *s. m.* arbre qui produit le gland.

4 CHAIR, *s. f.* substance, aliment.
CHAIRE, *s. f.* tribune pour un orateur.
CHER, *adj.* chéri ; précieux ; *adv.* d'un prix élevé.
CHÈRE, *s. f.* régal, nourriture.
CHER, (le) *nom* d'une rivière et d'un département.

5 CHAMP, *s. m.* pièce de terre.
CHANT, *s. m.* inflex. de la voix ; partie d'un poëme.

6 CHA, *s. m.* étoffe de soie.
CHAS, *s. m.* trou d'une aiguille.
CHAT, *s. m.* animal domestique.
SCHAH, *s. m.* prince d'Asie.

Phrases.

1 En été les Chinois préfèrent le ⁶ à toutes les autres étoffes.

2 Le ⁴ est un des affluents de la Loire.

3 Caïn, Abel et ² furent enfants d'Adam.

4 Le ⁶ est un des animaux domestiques les plus utiles.

5 Le ¹ poursuivi par les chiens s'élança dans la rivière, la traversa à la nage et leur échappa.

6 Les pauvres font presque toujours maigre ⁴.

7 ² forêt renferme les plus beaux ³ que j'aie jamais vus.

8 Quel silence profond quand Bossuet montait en ⁴ !

9 Les [1] sont en Russie la propriété des seigneurs.

10 Les Samoièdes se nourrissent de [4] crue.

11 A quoi [1]-il de connaître ses devoirs, si l'on ne les remplit pas?

12 Stockholm, capitale de la Suède, est bâtie sur [2] îles du lac Mélar.

13 Le [6] a quitté Téhéran [2] année plus tôt qu'à l'ordinaire.

14 La modération trouve encore a glaner dans le [5] du bonheur.

15 Les nouvelles [1] du Jardin des Plantes sont d'une grandeur et d'une élégance extraordinaires.

16 Il y a des gens qui se font une gloire de passer pour connaisseurs en bonne [4].

17 Quand les liaisons sont fondées sur les penchants et les principes, la [3] en est indissoluble.

18 Tous les [6] de vos aiguilles sont cassés.

19 De tout temps on s'est servi du [5] pour célébrer les louanges de Dieu.

20 Les pommes qu'on emploie à faire le cidre ne peuvent servir qu'à [2] usage, car elles sont désagréables au goût.

21 Massillon et Bourdaloue ont illustré la [4] chrétienne.

22 Pour les malheureux les [2] jours de la semaine s'écoulent d'une manière uniforme; le dimanche n'est pas un jour de répit.

23 Le moment de se défier particulièrement d'un hypocrite est celui ou il vous [1] la main avec plus de chaleur.

24 Un bienfait est une [3] qui, bien loin de peser, est [4] au cœur reconnaissant.

25 Un cimetière est pour tous les hommes le [5] de l'égalité.

26 Saint Louis rendait, à l'ombre d'un [3], la justice à ses sujets.

27 On ne [1] jamais bien deux maîtres à la fois.

28 Sous la patte qui caresse le [6] cache la griffe qui déchire.

Homonymes.

1 CHAUD, *adj.* qui a de la chaleur.
CHAUX, *s. f.* pierre calcinée par le feu.

2 CHAUMER, *v.* couper le chaume.
CHÔMER, *v.* fêter, prendre du repos.

3 CHAUSSÉE, *s. f.* chemin élevé, milieu d'une rue.
CHAUSSEZ (vous), du *v.* chausser.

4 CHENET, *s. m.* ustensile de cheminée.
CHÊNAIE, *s. f.* lieu planté de chênes.

5 CHRÊME, *s. m.* huile sainte.
CRÈME, *s. f.* la partie la plus grasse du lait.

6 CHUT ! *interj.* paix-là !
CHUTE, *s. f.* action de choir; faute.

7 CIL, *s. m.* poil des paupières.
SIL, *s. m.* sorte de minéral.

8 CIRE, *s. f.* résidu du miel, matière pour cacheter.
CIRRHE, *s. m.* filament roulé de quelques plantes.
CYR (Saint), *nom pr.* de village.
SIRE, *s. m.* seigneur, qualification donnée au roi.

9 CIRON, *s. m.* petit insecte.
CIRONS (nous), du *v.* cirer.
SCIERONS (nous), du *v.* scier.

Phrases.

1 Le saint [5] se fait avec de l'huile et du baume consacrés.

2 S'il fallait [2] toutes les fêtes qui ont été successivement instituées en France, on ne trouverait pas dans l'année un seul jour à donner au travail.

3 Il y a des hommes qui soufflent en même temps le [1] et le froid.

4 La [6] de Napoléon a ébranlé le monde.

5 Les coquilles d'huitres et d'œufs contiennent une grande quantité de [1].

6 ⁶! ⁶! On fait un tel bruit qu'il est impossible d'entendre l'orateur.

7 On répare toutes les ³ des principales rues de Paris.

8 Presque toujours un ministre entraîne toutes ses créatures dans sa ⁶.

9 Il est bien rare de voir les bons ouvriers ² longtemps.

10 Il fallait tout un Dieu pour créer un ⁹.

11 Les ⁷ défendent l'œil contre les corps légers qui pourraient s'y introduire.

12 La ¹ ne vaut rien lorsqu'elle est éteinte avec de certaines eaux ; d'autres au contraire la rendent plus liée et plus adhérente.

13 Il y a des gens qui sont aussi faciles à manier que la ⁸ la plus molle.

14 Quelque puissant que vous soyez, ⁸, Dieu seul est grand.

15 L'école militaire de Saint- ⁸ est très-célebre.

16 Le ⁷ est une terre minérale jaune à peu près semblable à l'ocre.

17 Une ⁶ remet l'homme à sa place, ou donne du ressort à son génie.

18 On ne peut ² avant que la moisson tout entière soit faite.

19 La vigne s'étend et grimpe au moyen des ⁸ ou vrilles qui s'enroulent autour de tous les corps voisins.

20 Un jeu de mots n'est bon que quand il est servi tout ¹.

21 Toutes les forêts en France sont de vastes ⁴.

22 Avant d'employer ces toiles, nous les ⁹ toujours avec de la ⁸ vierge.

23 On donnait autrefois aux ₄ la figure de deux petits chiens; c'est de là qu'ils ont tiré leur nom.

24 Le mortier est un mélange de ¹ et de sable.

Homonymes.

1 CLAIR , *adj*. lumineux , éclatant.
CLERC , *s. m.* aspirant ecclésiastique ; scribe.

2 CLAUSE , *s. f.* condition d'un traité , d'un marché.
CLOSE , *adj. f.* de *clos*, fermé.

3 CLORE , *v.* fermer.
CHLORE , *s. m.* acide muriatique oxygéné.

4 CLOU , *s. m.* morceau de fer à pointe et à tête.
CLOUD (Saint-) , *nom pr.* village près Paris.
CLOUE (je, il) , du v. clouer.

5 COEUR , *s. m.* partie du corps ; milieu ; courage.
CHOEUR, *s. m.* morceau d'ensemble; partie d'une église.

6 COIN , *s. m.* encoignure; morceau de fer ; marque.
COING , *s. m.* fruit.

7 COL , *s. m.* cou ; partie d'un vêtement , cravate.
COLLE , *s. f.* matière gluante ; menterie ; *popul.*

8 COLÈRE , *s. f.* emportement.
COLLER , *v.* joindre avec de la colle.

9 COLON , *s. m.* habitant d'une colonie.
CÔLON , *s. m.* un des gros intestins.
COLOMB , *nom pr.* d'homme.
COLLONS (nous) , du v. coller.

Phrases.

1 Le [5] du chrétien a peu de liens qui le tiennent attaché à la terre.

2 Que votre porte et votre bourse [2] aux importuns soient ouvertes à toute heure aux infortunés.

3 Les Grecs faisaient usage de la lyre dans les [5] des tragédies.

4 Tout est grand dans la nature; il ne s'y voit rien qui ne soit marqué au [6] de l'ouvrier.

5 Un [1] mondain n'est, en chaire, qu'un déclamateur.

6 Christophe ⁹ découvrit l'Amérique en 1492.

7 Les ⁷ noirs sont d'uniforme pour toutes les troupes.

8 Les ⁶ qu'on pourrait confondre avec certaines grosses poires, exhalent une odeur forte qui les fait reconnaître.

9 Il faut se garder d'attirer sur soi la ⁸ du ciel.

10 Le ⁷ d'une mère est le chef-d'œuvre de la nature.

11 Les gens de mauvaise foi s'arrangent toujours de manière à glisser dans les actes qu'ils font des ² résolutoires.

12 A moins qu'on ne soit habitué à voyager sur mer, on ne peut ³ l'œil pendant les premières nuits d'une longue traversée.

13 Les plus grands ¹ ne sont pas toujours les plus fins.

14 La fortune des ⁹ est exposée à bien des chances fâcheuses.

15 La reconnaissance est la mémoire du ⁵.

16 Henri III fut assassiné à Saint- ⁴ par un moine fanatique.

17 On se sert pour plaquer les meubles de ⁷ forte pure et limpide.

. 18 La plupart des ⁹ portent envie au plus petit propriétaire du continent.

19 Dans les temps de calamités, le dictateur, pour apaiser les dieux enfonçait un ⁴ dans le mur du Capitole.

20 Les nouveaux honneurs sont comme les habits neufs, il leur faut du temps avant qu'ils puissent ⁵ sur la personne.

21 L'ingratitude ⁴ le bienfait aux mains du bienfaiteur.

22 Ceux qui louent à contre- ⁵ publiquement, déchirent en secret de bon ⁵.

23 Aujourd'hui on donne le nom de ⁵ à la partie d'une église ordinairement occupée par le clergé.

24 Le ³, dissous dans l'eau, sert à blanchir les toiles, le papier et les estampes.

25 Le ⁹ est ordinairement le siége de la colique.

Homonymes.

1 COMPACT, *s. m.* convention faite avec le pape.
   COMPACTE, *adj.* resserré, condensé.
2 COMPLET, *adj.* entier, achevé.
   COMPLAIT (il), du v. complaire.
3 COMTAT, *s. m.* comté.
   COMPTA (il), du v. compter.
   CONTA (il), du v. conter.
4 COMPTANT, *part. pr.* de compter.
   CONTANT, *part. pr.* de conter.
   CONTENT, *adj.* satisfait, joyeux.
5 COMPTER, *v.* énumérer, supputer.
   CONTER, *v.* raconter.
6 COMPTE, *s. m.* supputation, mémoire.
   COMPTE (je, il), du v. compter; *ils comptent.*
   COMTE, *s. m.* titre de noblesse.
   CONTE, *s. m.* récit, fable.
   CONTE (je, il), du v. conter; *ils content.*
7 CONFIE (je, il), du v. confier; *ils confient.*
   CONFIT (il), du v. confire, et *part.* confit.
8 CONTUMACE, *s. f.* refus de comparaître en justice.
   CONTUMAX, *s. m.* accusé qui ne comparaît pas.

Phrases.

1 La conscience ne doit ses [6] qu'à Dieu.
2 Il est rare que quelqu'un soit [4] de ceux qui ne sont [4] de personne.
3 Un artiste médiocre se [2] dans tous ses ouvrages.
4 Les métaux les plus [1] sont les plus pesants.
5 Les lois romaines ne permettaient pas de faire un procès par [3] dans la première année qui suivait le délit; mais la seconde année, tout [3] était condamné.
6 Les bons [6] font les bons amis.

7 Celui qui [7] un secret à un indiscret, met tout le monde dans sa confidence.

8 Il est difficile de faire un ouvrage [2] en quelque genre que ce soit.

9 Le [3] d'Avignon a longtemps appartenu aux papes.

10 Il y a des gens qui [6] si agréablement, qu'ils donnent du charme à la moindre bagatelle.

11   ´ Le lion sur les ongles [3]
        Et dit : nous sommes quatre à partager la proie.

12 Ce serait vouloir [5] les flots de la mer qu'analyser les combinaisons du sort et du caractère.

13 Dans la vie de l'homme le chapitre des adversités est toujours le plus [2],

14 La plupart des hommes [6] pour rien les vertus du cœur; et chacun se [2] à cultiver les agréments les plus futiles de l'esprit.

15 Les fruits [7] au soleil ont un goût fort agréable.

16 C'est sous les rois de la seconde race que les [6] ont rendu leur dignité héréditaire.

17 La France et la cour de Rome sont restées fidèlement dans les termes du dernier [1].

18 Se procurer des choses utiles, commodes, agréables, ce n'est point la assurément se corrompre ; c'est vivre davantage, c'est être un homme plus [2].

19 Les larmes sont, pour ceux qui en répandent aisément, une monnaie dont ils paient [4] le tribut qu'on doit à la douleur et à la pitié.

20 Une des marques de la médiocrité d'esprit, c'est de toujours [5].

21 Qui [6] sans son hôte, dit le proverbe, [6] deux fois.

22 Alcibiade, condamné par [8], résolut de se venger de son ingrate patrie.

Homonymes.

1 Convaincs (je, tu), du v. convaincre ; *il convainc.*
  Convins (je, tu), du v. convenir.

2 Convaincant, *adj.* qui a la force de convaincre.
  Convainquant, *part. pr.* du v. convaincre.

3 Coq , *s. m.* oiseau.
  Coque , *s. f.* coquille , enveloppe de l'œuf.
  Coke , *s. m.* charbon de terre épuré.

4 Cor , *s. m.* durillon ; instrument à vent.
  Corps , *s. m.* substance.
  Cors , *s. m. pl.* cornes des perches du cerf.

5 Corbeil , *nom pr.* ville près de Paris.
  Corbeille , *s. f.* sorte de panier.

6 Cote , *s. f.* marque d'ordre ; taxe.
  Cotte , *s. f.* jupe.
  Quote , *adj.* quote-part, part de chacun.
  Côte , *s. f.* os , colline , bord de la mer.

7 Cou , *s. m.* partie du corps.
  Coût , *s. m.* prix d'une chose.
  Coup , *s. m.* choc d'un corps sur un autre.
  Coud (il) , du v. coudre.

Phrases.

1 Le tempérament de l'âme se gâte et s'altère comme celui du *.

2 Dans toutes les questions, l'or est un argument [2].

3 Les repas, où chacun paye sa [6] part, sont d'ordinaire plus gais que les autres.

4 Une femme qui [7], brode et file n'en sait pas assez aujourd'hui.

5 La forêt retentit du bruit du [4] et des aboiements des chiens.

6 Le chant du [3] a quelque chose qui plaît.

7 Sous leurs cuirasses les chevaliers avaient souvent une [5] de mailles.

8 Les Normands, avant de s'établir dans la Neustrie, ont longtemps dévasté les [6] du nord de l'Europe.

9 Tu [1] hier d'un fait dont tu ne conviens plus aujourd'hui.

10 Les criminels étaient autrefois conduits au supplice la corde au [7] et les pieds nus.

11 Les chasseurs sont à la poursuite d'un cerf dix [4].

12 La calomnie, en s'attaquant à un homme de la probité la mieux reconnue, finit par le rendre suspect si elle redouble ses [7].

13 La dépense qu'exige une chose en ôte souvent l'envie ; d'où ce proverbe : le [7] ôte le goût.

14 Les poulets et les perdreaux courent au sortir de la [3].

15 Dans le Midi, les paysannes portent en hiver des [6] de drap.

16 Les [4] particuliers rompent l'unité du [4] politique.

17 Les Hébreux offraient à Dieu, dans de riches [5], les prémices des fleurs et des fruits.

18 Le charbon de terre desséché ou carbonisé en plein air est appelé [3].

17 Jamais la dispute ne [1] ; loin de persuader, elle irrite.

20 On peut guérir d'un [7] d'épée, mais très-difficilement d'un [?] de langue.

21 Les sons suaves et énergiques du [4] sont ceux qui se rapprochent le plus du charme d'une belle voix.

22 On donne une grande force à ses leçons en [2] par ses exemples.

23 Les droits politiques résultent en général de la [6] mobilière et de la [6] personnelle.

24 Le drapeau français est surmonté aujourd'hui d'un [3].

Homonymes.

1 COULOIR, *s. m.* passage d'un appartem. à un autre.
COULOIRE, *s. f.* vase propre à faire égoutter la partie
   liquide d'une substance.

2 COUR, *s. f.* espace découvert ; résidence du roi.
COURS, *s. m.* mouvement ; carrière ; promenade.
COURT, *adj.* de peu de longueur.
COURT (il), du v. courir.

3 COURTISAN, *s. m.* flatteur ; qui fréquente la cour.
COURTISANT, *part. pr.* du v. courtiser.

4 COUVANT, *part. pr.* du v. couver.
COUVENT, *s. m.* maison religieuse.

5 CRAINT (il), du v. craindre.
CRIN, *s. m.* poil du cheval.

6 CRI, *s. m.* son poussé avec effort.
CRIC, *s. m.* machine pour soulever les fardeaux.
CRIE (je, il), du v. crier.
CHRIST, *nom pr.* Jésus-Christ.

7 CROIX, *s. f.* gibet, affliction, décoration.
CROIT (il), du. v. croire.
CROÎT (il), du v. croître.

Phrases.

1 Une [2] serait déserte si l'on était guéri de la vanité et de
l'intérêt.

2 L'année 315 est mémorable pour les chrétiens par l'abolition du supplice de la [7].

3 Une femme n'est belle en Tartarie qu'autant qu'elle a le
nez très- [2].

4 Jésus- [6] appelait à lui les enfants, les pauvres et les malades.

5 Les [4] sont beaucoup moins nombreux aujourd'hui qu'autrefois.

6 Il s'en faut beaucoup que les [3] soient les plus fidèles serviteurs des princes.

7 La ligne droite est le chemin le plus ² d'un point à un autre.

8 Ce n'est pas toujours celui qui ², qui arrive le premier au but.

9 Pendant les séances de la Chambre, beaucoup de députés causent et se promènent dans les ¹.

10 Au ⁴ de Sauve qui peut! le désordre se mit dans tous les rangs.

11 Quand le lion rugit, il hérisse toujours ses ⁵ et bat ses flancs de sa longue queue.

12 On ne peut soulever les blocs de pierres qu'au moyen d'un ⁶.

13 Ordinairement on se ⁷ plus malheureux qu'on ne l'est ; et l'on ⁷ les autres plus heureux qu'ils ne le sont.

14 Quand on ² après l'esprit, on attrape souvent la sottise.

15 Un ³ a toujours une provision de louanges qu'il distribue tour à tour à ceux qu'il ⁷ capables de servir son ambition.

16 Un vieillard aime à remonter le ² de ses belles années.

17 On obtient plus tôt les faveurs des grands en les ³ qu'en leur rendant des services.

18 Celui qui ⁷ en Dieu, le ⁵ et espère en lui, porte sa ⁷ sans murmure.

19 Dans les laboratoires de chimie, il y a des ¹ de toute grandeur.

20 Pour l'homme qui pense beaucoup, le temps de la vie n'est jamais ².

21 Qui ⁵ de souffrir, souffre déjà ce qu'il ⁵.

22 Le ciel ne reste jamais sourd aux ⁶ des orphelins.

23 Les manières polies donnent ² au mérite et le rendent agréable.

24 Celui qui ⁷ en science et qui ne ⁷ pas en raison et en sagesse, tire peu de fruit de son instruction.

Homonymes.

1 CROQUET, *s. m.* pain d'épices sec et mince.
   CROQUAIT (il), du v. croquer.

2 CRU, *p. pass.* du v. croire; *adj.* qui n'est pas cuit.
   CRU, *s. m.* terroir.
   CRÛ, *part. pass.* du v. croître.

3 CUIR, *s. m.* peau épaisse des animaux
   CUIRE, *v.* préparer au feu.

4 CYCLE, *s. m.* (cercle), période.
   SICLE, *s. m.* monnaie et poids des Hébreux.

D

5 DAIS, *s. m.* poêle ou ciel de lit.
   DÉ, *s. m.* à coudre, *dé* à jouer.
   DES, *art. contr.* pour *de les.*
   DÈS, *prép.* depuis.
   DEY, *s. m.* gouverneur de province en Afrique.

6 DAM, *s. m.* dommage; privation de la vue de Dieu.
   DANS, *prép.* dans Paris, dans l'année.
   DENT, *s. m.* petit os enclavé dans la mâchoire.

7 DANSE, *s. f.* mouvement du corps en cadence.
   DANSE (il), du v. danser.
   DENSE, *adj.* épais, compact.

Phrases.

1 Selon l'Écriture, toutes les fois qu'on coupait les cheveux à Absalon, on lui en ôtait plus de deux cents [4].

2 Quand le tan a servi à la préparation du' [3], on en fait des mottes dont on se sert pour le chauffage.

3 Les impies sont condamnés à la peine du [6].

4 Autrefois la [7] faisait avec le chant partie des cérémonies religieuses.

5 Les corps [7] sont rarement diaphanes.

6 Tous les enfants aiment les gâteaux, les [1] et toutes les sortes de pâtisseries.

7 Où sont les [5] de pourpre sous lesquels les Césars assistaient aux jeux sanglants des gladiateurs?

8 Il est fort désagréable d'être forcé de boire, en certaines provinces, du vin du [2].

9 Fou celui qui s'expose à apprendre la sagesse à son [6].

10 Ce n'est pas toujours celui qui fait [3] les marrons qui les mange.

11 La [6] du narval fournit un aussi bel ivoire que les [6] des éléphants.

12 On ne peut jouer au trictrac sans [5] et sans cornets.

13 Le [5] d'Alger chassé de ses États est venu s'établir en Europe.

14 Le [4] solaire est de vingt-huit années, et le [4] lunaire de dix-neuf.

15 [5] enfants, [5] femmes, [5] vieillards courent, [5] le matin, au pied des autels, et passent tout le jour [6] les larmes.

16 C'est [6] la nature et non [6] les codes que l'homme doit puiser les règles de sa conduite.

17 Les corps les plus poreux sont les moins [7].

18 Le clergé vint au-devant du roi, et le conduisit sous le [5] à la place qui lui était réservée.

19 Qui rit, chante et [7] la veille, pleure souvent le lendemain.

20 Les cartes et les [5] ont ruiné plus de gens que le travail n'en a enrichi.

21 On fabriquait autrefois à Paris, à Lyon et à Avignon des tapisseries de [3] doré.

22 L'usage de porter des [6] artificielles était connu du temps des Romains.

Homonymes.

1 DATE, *s. f.* époque.
DATE (je, il), *v.* dater, mettre une date.
DATTE, *s. f.* fruit du dattier.

2 DAVANTAGE, *adv.* plus.
D'AVANTAGE, *prép.* et *subst.*

3 DÉCELER, *v.* révéler.
DESCELLER, *v.* ôter les gonds ; lever les scellés.
DESSELLER, *v.* ôter la selle.

4 DÉCENT, *adj.* convenable.
DESCEND (il), *v.* descendre.

5 DÉCENTE, *adj. f.* de décent, modeste.
DESCENTE, *s. f.* act. de descendre, pente, irruption.

6 DÉCOR, *s. m.* ornement.
DÉCORE (je, il), *v.* décorer ; pl. *ils décorent.*

7 DÉCRI, *s. m.* mauvais renom ; perte de crédit.
DÉCRIT, *part. pass.* du v. décrire.
DÉCRIT (il), du v. décrire.
DÉCRIE (je, il), du v. décrier.

8 DÉÇU, *part. pass.* du v. décevoir.
DESSUS, *adverbe.*

Phrases.

1 Beaucoup de gens [6] leur insensibilité du nom de sagesse.

2 Un jeune homme doit se présenter partout avec modestie et s'exprimer toujours en termes [4].

3 Dans la hiérarchie ecclésiastique l'archevêque est au- [8] de l'évêque.

4 On précipite la [5] d'un aérostat en laissant échapper une partie du gaz qu'il contient.

5 Il est bien peu de mortels qui n'aient été [8] de leurs espérances.

6 Au sud de la Barbarie est une vaste contrée à laquelle on a donné le nom de pays des [1].

7 Bien souvent nos traits ³ ce que nous cherchons à cacher.

8 Des voleurs se sont introduits, cette nuit, chez un riche banquier, mais ils ont inutilement essayé d'ouvrir et de ³ sa caisse.

9 Il y a des gens qui, avec beaucoup de mémoire, ne peuvent retenir les ¹.

10 Pour monter ², l'ambitieux s'abaisse et ⁴ volontiers.

11 Ce poete est fatigant, il ⁷ jusqu'au moindre brin d'herbe.

12 En ne demandant guère à la Fortune, on obtient souvent ².

13 L'invention de l'imprimerie ¹ du quinzième siècle.

14 Aujourd'hui les ⁶ des appartements sont de très-bon goût.

15 Toute affectation finit par se ³; et l'on retombe alors au-dessous de sa valeur.

16 Les maximes des hommes ³ leurs cœurs.

17 Les manières ⁵ sont partout de bon goût.

18 La morale qui remplit la tête est inutile, si elle ne ⁴ pas jusqu'au cœur.

19 Les fonds espagnols sont depuis longtemps tombés dans le ⁷.

20 Ces cavaliers avaient eu à peine le temps de mettre pied à terre et de ³ leurs chevaux, quand on a sonné le boute-selle.

21 Il n'y a pas ² qui ne soit contrebalancé par un inconvénient.

22 On peut se mettre au-⁸ des revers, mais jamais au-⁸ de l'ennui.

23 La flatterie corrompt la vertu ; la médisance la ⁷.

24 De quelques honneurs qu'on ⁶ la servitude, un cœur noble ne peut l'accepter.

Homonymes.

1 DÉFAIRE, détruire, mettre en déroute.
DÉFÈRE (je, il), du v. déférer; céder; dénoncer.
DÉFERRE (je, il), du v. déferrer, ôter les fers.

2 DÉFAIT, *part. pass.* du v. défaire.
DÉFAIT (il), du v. défaire.
DÉFETS, *s. m.* feuilles isolées d'un livre.

3 DÉFI, *s. m.* provocation.
DÉFIE (je, il), du v. défier.
DÉFIT (il), *pass. déf.* du v. défaire.

4 DÉGOÛTER, *v.* donner du dégoût.
DÉGOUTTER, *v.* couler par goutte.

5 DÉLACER, *v.* défaire un lacet.
DÉLASSER, *v.* ôter la lassitude; récréer.

6 DÉLIT, *s. m.* faute, infraction de la loi.
DÉLIE (je, il), du v. délier.
DELHY, *nom pr.* de ville (Indostan).

7 DÉNI, *s. m.* refus de chose due.
DÉNIE (je, il) du v. dénier.
DENIS, *nom pr.* Saint-Denis.
DENYS, *nom pr.* tyran de Syracuse.

Phrases.

1 Charles Martel [3] les Sarrasins entre Tours et Poitiers.

2 C'est à Saint-[7], près des rois, que Turenne a été enterré.

3 Celui qui [7] aux pauvres les secours qu'ils attendent de lui, ne doit rien espérer de Dieu.

4 Avant de condamner un accusé, il faut que le [6] soit constant.

5 Alexandre, ne pouvant [1] le nœud gordien, le coupa.

6 [6] est l'ancienne capitale de l'empire des Mongols.

7 On se [7] rarement de ses vieux préjugés.

8 Ce sont les cardinaux réunis en conclave qui [1] le pontificat.

9 De la part d'un juge le refus de prononcer sur une re-
quête est un ⁷ de justice.

10 Il faut mépriser un fou s'il nous ³ ou nous provoque.

11 On ne ¹ les forçats qu'à l'expiration de leur peine.

12 Il est bon de se ⁵ d'une occupation par une autre.

13 On conserve les ² pour remplacer les feuilles qui viennent à se gâter dans un volume.

14 L'eau qui ⁴ de cette grotte forme de fort belles cristal-
lisations.

15 Les meilleures choses nous ⁴ quand on nous les jette à
la tête.

16 Un moyen sûr pour se ¹ d'un importun, c'est de lui
demander un service important.

17 Il est [difficile de ne pas se révolter contre un ⁷ de
justice.

18 Ce libraire a vendu à la livre une masse énorme de ².

19 Le silence est le parti le plus sage pour celui qui se
³ de lui-même.

20 Nous [entendions l'eau ⁴ à travers le toît vermoulu de
notre pauvre réduit.

21 C'est à Saint-⁷ que se trouvent les tombeaux de la plupart de nos rois.

22 Le tyran de Syracuse, ⁷, chassé par ses sujets fut
réduit à tenir une école à Corinthe.

23 Un plaisir modéré peut seul ⁵ d'un pénible travail.

24 Celui qui ³ un fou peut-être justement accusé de
folie.

25 Il y a un grand nombre de ⁶ qu'on ne ⁷ pas aux tri-
bunaux.

26 Il est rare que la prolixité ne ⁴ pas le lecteur.

27 Très-peu de femmes savent se lacer et se ⁵ elles-
mêmes.

Homonymes.

1 DENIER, *s. m.* petite monnaie.
DÉNIÉ, *part. passé* du v. dénier.
DÉNIEZ (vous), 2ᵉ pers. pl. du v. dénier.

2 DÉPARE (je, il), du v. déparer, ôter les ornements.
DÉPART, *s. m.* action de partir.

3 DÉPENS, *s. m. pl.* frais, *aux dépens*, au détriment.
DÉPEND (il), du v. dépendre, détacher, être soumis.

4 DÉSIR, *s. m.* envie, souhait.
DÉSIRE (je, il), du v. désirer.

5 DESSEIN, *s. m.* intention, résolution.
DESSIN, *s. m.* représentation au trait.

6 DÉTEINT, *p. passé* du v. déteindre, et il *déteint.*
DÉTINT (il), *passé déf.* du v. détenir.

7 DEVIN, *s. m.* qui prédit.
DEVINT (il), du v. devenir.

8 DICTON, *s. m.* proverbe, mot piquant.
DICTONS (nous), du v. dicter

9 DIFFÉRENT, *adj.* dissemblable.
DIFFÉRENT et DIFFÉREND, *s. m.* démêlé.
DIFFÉRANT, *part. prés.* du v. différer.

Phrases.

1 On méprise les grands ⁵, quand on n'est pas capable de grands succès.

2 L'homme qui a de l'expérience en sait plus que tous les⁷.

3 C'est le cœur qui fait tout; le ¹ de la veuve sera compté par Dieu comme un trésor.

4 Des taches légères ne ² pas un ouvrage qui renferme de grandes beautés.

5 Il n'y a rien à gagner à avoir des ⁹ avec des gens qu'on n'aime pas; et il y a tout à perdre à en avoir avec ceux qu'on aime.

6 Dans une première séparation, le moment le plus cruel n'est pas toujours celui du ².

7 Il est difficile en ⁹ de principes politiques et religieux de rester toujours amis.

8 L'avenir est un canevas sur lequel notre imagination brode un ⁵ qui n'est jamais correct.

9 *Pierre qui roule n'amasse pas de mousse*, est un ⁸ plein de sens et de raison.

10 Si nous ⁸ nos volontés d'une façon impérieuse, nous rendons l'obéissance plus pénible et plus humiliante.

11 L'homme est insatiable dans ses ⁴, rien ne les borne; plus il obtient, plus il ⁴.

12 Le soleil ⁶ toutes les couleurs, quelque solides qu'elles soient.

13 Il n'est ni honnête ni charitable de s'amuser aux ³ d'autrui.

14 La perte ou le gain d'une bataille ne ³ très-souvent que d'une bagatelle.

15 J'ai un très-grand⁴ de visiter les ⁹ cantons de la Suisse que votre frère a parcourus l'année dernière.

16 C'est toujours aux ³ de son bonheur qu'on immole son devoir à ses plaisirs.

17 Parmi les monnaies romaines, il y avait deux sortes de¹; le ¹ consulaire et le ¹ impérial.

18 Un trop grand luxe d'ajustement et de parure ² la beauté la plus éclatante.

19 Par bonheur pour nous, tous nos ⁴ ne sont pas exaucés par le ciel.

20 Rome, si longtemps maîtresse de toutes les nations, ⁷ esclave à son tour.

21 Quiconque a ¹ à l'ouvrier le prix de ses sueurs mérite une peine infamante.

22 Si nous sommes vainqueurs ; si la paix ³ de nous ne ⁸ pas des conditions trop dures, et montrons-nous généreux.

Homonymes.

1 DÎNER, *v.* faire le principal repas.
Dîné, *part. passé* du v. dîner.
DÎNER, *s. m.* repas du milieu du jour.
DÎNÉE, *s. f.* dîner, et temps du dîner en voyage.
DÎNEZ (vous), 2ᵉ pers. pl. du v. dîner.

2 DISCOURS, *s. m.* entretien, harangue.
DISCOURT (il), du v. discourir.

3 DISPENSAIRE, *s.m.* lieu où l'on distribue des remèdes.
DISPENSER, *v.* exempter, répandre.

4 DOIGT, *s. m.* partie de la main ou du pied.
DOIT (il), du v. devoir.

5 DOL, *s. m.* fraude; gros tambour; ville de Bretagne.
DÔLE, *n. pr.* de ville (Franche-Comté).

6 DOLANT, *part. pr.* du v. doler, unir avec la doloire.
DOLENT, *adj.* triste.

7 DOM, titre d'honneur attribué à certains religieux.
DON, titre d'honneur en Espagne et en Portugal.
DON, *s. m.* cadeau; *n. pr.* d'un fleuve.
DONC, *conj.* par conséquent.
DONT, *pronom. relatif.*

Phrases.

1 Le ² de Démosthène pour la Couronne est le chef-d'œuvre de l'éloquence antique.

2 Quels sont ceux qui sont chargés de ³ aux malheureux les bienfaits du prince?

3 Il n'est pas de devoir ⁷ un honnête homme puisse s'affranchir.

4 Si riche qu'on soit, on ne peut ¹ deux fois.

5 On a établi des ³ dans tous les quartiers de la ville.

6 Dans le châtiment infligé à un coupable, on reconnaît souvent le ⁴ de Dieu.

7 Il respire , ⁷ il vit ; je pense , ⁷ j'existe.

8 Il ne suffit pas de faire ce que l'on peut, il faut faire ce que l'on ⁴.

9 ⁷ Quichotte est l'ouvrage le plus remarquable qu'ait produit la littérature espagnole.

10 Tel homme ² fort agréablement, qui ne serait pas capable de discuter raisonnablement.

11 Il y a dans le contrat qu'on m'a fait signer ⁵ reconnu.

12 Cet homme a un visage ⁶, un ton ⁶; en lui tout est ennuyeux et triste.

13 Une grande mémoire est un heureux ⁷ de la nature.

14 Mon père est né à ⁵, dans le département d'Ille-et-Vilaine, et ma mère à ⁵, dans le département du Jura.

15 Le ⁷ est devenu presque aussi commun en Espagne, que le mot de monsieur en France.

16 Un gourmand qui a bien ¹ trouve heureux celui qui a faim.

17 Quel homme fait toujours ce qu'il⁴ et ne cherche pas à se³ d'importants devoirs ?

18 Il est peu de villes où l'on ne rançonne pas les voyageurs ; et partout la ¹ coûte cher.

19 Les recherches qu'a publiées, sur la Bible, ⁷ Calmet, savant bénédictin , sont très-précieuses.

20 Peu d'élèves ont remporté, au concours général , le prix de ² latin et le prix de ² français.

21 Ce tonnelier va si vite en ⁶ les douves, qu'il en taille communément deux cents par jour.

22 Le bavard le plus déterminé ne ² pas longtemps quand il voit que personne ne l'écoute.

23 La manière de donner vaut souvent plus que le ⁷.

24 A l'époque de choléra, il y avait dans chaque ³ deux médecins de garde.

Homonymes.

1 Doré (je, il), du v. dorer.
Dort (il), du v. dormir,

2 Dot, *s. f.* bien apporté en mariage.
Dote (je, il), du v. doter.

3 Doubs, *s. m.* rivière et département de ce nom.
Doue (je, il), du v. douer.
Doux, *adj.* poli, agréable.

4 Douai. *n. pr.* de ville.
Douer, *verbe;* pourvoir, orner.
Doué, *part. passé.*

5 Du, *art.* mis pour *de le.*
Dû, *part. passé* du v. devoir.
Dut (il), *passé défini* du v. devoir.
Dût (qu'il), *imp. du subj.* du v. devoir.

E

6 Écho, *s. m.* son réfléchi; *s. f.* nymphe.
Écot, *s. m.* quote-part de repas; société.

Phrases.

1 Beaucoup d'hommes sont de vrais⁶ qui répètent tout ce qu'ils entendent dire.

2 Heureux celui que la nature a⁴ d'un grand caractère et d'heureuses facultés!

3 Nous respirions un³ parfum et nous entendions les sons³ et mélodieux d'une musique lointaine.

4 Besançon a une citadelle placée sur un rocher, au pied duquel coule le³.

5 Le soleil en naissant¹ le sommet des montagnes et la cime des arbres.

6 ⁶ n'est plus un son qui dans l'air retentisse;
C'est une nymphe en pleurs qui se plaint de Narcisse.

7 La complaisance est une monnaie avec laquelle les moins riches payent leur *.

8 Un prodigue viendrait à bout des richesses ⁵ Pérou.

9 Les vertus d'une femme sont sa ² la plus précieuse.

10 Ce qui est ⁵ doit être fidèlement payé.

11 La meilleure leçon à donner à un importun, c'est de l'envoyer parler à son ⁰.

12 On sculpte, on ¹ l'idole pour n'avoir pas à rougir d'adorer un morceau de bois.

13 C'est à ⁴ qu'est né Jean de Bologne, peintre fameux.

14 L'innocent ¹ sans trouble et sans inquiétude; mais le coupable ne connaît pas les charmes d'un ³ sommeil.

15 Les grâces dont la nature nous ² en naissant valent mieux que celles que l'art nous donne.

16 ⁵ votre courroux m'anéantir, je ne me ferai pas l'instrument de votre injustice.

17 Il y a dans les caveaux du Panthéon un ⁰ extraordinaire.

18 La vanité ¹ ses fers afin de pouvoir s'en parer.

19 Quelle ⁵ être la joie de Philippe, quand Aristote consentit à diriger l'éducation d'Alexandre!

20 Dans les repas de corps, chacun paye son ⁶.

21 Un artisan ne réclame pas ce qui lui est ⁵, pour entasser, mais pour payer ce qu'il doit.

22 Solon défendit de donner aucune ² aux filles, afin que leurs vertus seules les fissent rechercher.

23 Heureux ceux que le ciel ³ de résignation et de patience !

24 Ne venez pas nous troubler, et allez parler à votre ⁶.

25 Celui qui est ⁴ d'une grande modestie n'est pas moins ³ avec ses inférieurs qu'avec ses supérieurs.

Homonymes.

1 Éclair, *s. m.* éclat subit de lumière.
Éclaire, *s. f.* plante.
Éclaire (j', il), v. éclairer.

2 Éclat, *s. m.* bruit; lueur; gloire; morceau brisé.
Hécla, *s. m.* volcan d'Islande.

3 Effort, *s. m.* action faite avec force.
Éphore, *s. m.* juge à Sparte.

4 Égard, *s. m.* attention; déférence.
Égare (j', il), du v. égarer.

5 Élisez (vous), du v. élire, choisir.
Élysée, *s. m.* lieu de délices dans les enfers.

6 Emploi, *s. m.* usage; fonction.
Emploie (j', il), v. employer.

7 Endente, *s. f.* liaison de deux pièces de bois.
Andante, *s. m.* air dont le mouvement est modéré.

8 Ennui, *s. m.* langueur d'esprit.
Ennuie (j', il), v. ennuyer.

Phrases.

1 Dieu apparut à Moïse au milieu des foudres et des [1].

2 L'orchestre vient d'exécuter un très-bel [7].

3 L'esprit est rapide comme l'[1], et le jugement lent comme la tortue.

4 Les [4] font moins d'ingrats que les services.

5 L'autorité des [3] était plus grande à Sparte que celle des rois.

6 L'[8] ne peut s'emparer que d'un cœur ou d'un esprit vide.

7 La dernière grande éruption de l'[2] a eu lieu en 1672.

8 Le soleil ne trafique point de sa lumière, il [1] aussi bien les pauvres que les riches.

9 Les diamants sont de toutes les pierres précieuses celles qui ont le plus d' [2].

10 Notre cœur tient toujours à la terre, et nous ne l'en arrachons qu'avec [3].

11 L'esprit qui s'élance dans l'infini s' [4] si la foi ne le dirige et ne le conduit.

12 Faisons de notre temps et de notre argent le meilleur [6] possible.

13 La grande chélidoine, qu'on nomme vulgairement l'", est une plante médicinale.

14 Il y a une promenade et un palais à Paris qui portent le nom d' [5].

15 Le plaisir fatigue, le repos [8], le travail occupe.

16　　　　　　　　Heureux qui vit chez soi,
　　De régler ses désirs faisant tout son [6].

17 Citoyens; [5] un chef digne de vous commander, que la raison [1] et qui ait vos lois écrites dans le fond de son cœur.

18 Un mauvais livre corrompt l'âme, [4] l'esprit et altère le goût des jeunes gens.

19 A Sparte le nombre des [3] était déterminé par une loi.

20 L' [8] naquit un jour de l'uniformité.

21 L'histoire et les romans ne sont que les récits des [3] de l'homme pour atteindre au bonheur.

22 Nos douleurs durent des siècles, nos plaisirs sont rapides comme des [1].

23 L'âme la plus pure s' [4] dans la route du bien, si la raison ne l' [1].

24 L'Etna, le Vésuve et l' [2] ont tout dévasté autour d'eux.

25 Le Tartare était la demeure des méchants, et l' [5] le séjour des bienheureux.

26 On a exécuté un [7] qui m'a causé une douce émotion.

Homonymes.

1 ENSEIGNE, *s. f.* tableau ; drapeau.
 ENSEIGNE, *s. m.* porte-drapeau.
 ENSEIGNE (j', il), du v. enseigner.
 ENCEIGNE (que j', qu'il), du v. enceindre.

2 ENTE, *s. f.* greffe d'un arbre.
 HANTE (je, il), du v. hanter ; fréquenter.
 ANTE, *s m.* pièce de bois.

3 ENTER, v. greffer.
 HANTER, v. fréquenter.

4 ENTOURS, *s. m. pl.* société ; environs.
 ENTOURE (j', il), du v. entourer. `

5 ENTRETIEN, *s. m.* conversation ; dépense.
 ENTRETIENT (il), du v. entretenir.

6 ENVI (à l'envi), *loc. adv.* avec émulation.
 ENVIE, *s. f.* désir ; besoin ; jalousie.
 ENVIE (j', il), *v.* envier, désirer.

7 ÉPI, *s. m.* tête de blé.
 ÉPIE (j', il), du v. épier.

8 ÉPICER, *v.* assaisonner d'épices.
 ÉPISSER, *v.* entrelacer plusieurs fils de cordes.

Phrases.

1 Au moyen des ² on corrige le goût des fruits que produisent certains arbres.

2 En Amérique on a l'habitude d'⁸ fortement toutes les viandes et tous les ragouts.

3 Sur toutes les scènes du monde les spectateurs ⁶ le sort des acteurs, et les acteurs ⁶ la condition des spectateurs.

4 Il ne faut pas toujours se fier à l' ¹.

5 Avant de commencer un siége, il faut s'assurer des ⁴ de la place.

6 Dis-moi qui tu ², je te dirai qui tu es.

7 Celui qui sait le plus n'est pas toujours celui qui [1] le mieux.

8 D'un [5] avec un homme d'esprit on retire toujours quelque chose.

9 Les poètes représentent l'automne couronné d'[7].

10 Rien n'empêche d'être naturel comme l'[6] de le paraître.

11 Ils servent à l'[6] les passions d'un homme
Qui n'agit que pour soi feignant d'agir pour Rome.

12 Tel croit suivre sa volonté, qui cède aux moindres influences de ses [4].

13 Il y a beaucoup de vices qu'on pourrait [3] sur d'excellentes qualités.

14 On donne le nom d'[1] aux pièces de bois attachées aux volants des moulins.

15 L'[6] naquit du désir et de l'impuissance.

16 Mes deux fils sont dans la marine ; l'aîné est lieutenant et le cadet, [1] de vaisseau.

17 Les anciens représentaient Cérès avec une couronne d'[7].

18 Il faut [8] ces cordes et les goudronner aussitôt.

19 Le renard [7] le moment où il peut sans danger se glisser dans les basses-cours.

20 La France [5] une nombreuse armée, même en temps de paix.

21 Les [2] pour réussir doivent être faites dans une saison favorable.

22 Ils montrent, à l'[6] les uns des autres, un zèle qui tourne au profit de l'État.

23 Je doute qu'on [1] Paris de fortifications en moins de dix années.

24 Celui qu'on voit [3] les méchants ne doit pas s'attendre à être jugé favorablement.

Homonymes.

1 Esson , *s. m.* vol élevé; début.
  Essore (j', il), *v.* essorer, faire sécher le linge.

2 Étai; *s. m.* grosse corde; terme de marine.
  Été , *s. m.* saison.
  Été , *part. passé* du v. être.
  Étaie (j', il), du v. étayer.
  Étaie , *s. f.* charpente qui sert d'appui à un mur.
  Était (il) , *imp.* du v. être.

3 Étaim , *s. m.* laine fine qui a été cardée.
  Étain , *s. m.* métal.
  Éteint , *part. passé* du v. éteindre.
  Éteins (j', tu) , *ind. pr.* du v. éteindre.

4 Étal , *s. m.* table sur laquelle se débite la viande.
  Étale , *adj.* mer qui ne monte ni ne baisse.
  Étale (j', il), *v.* étaler.

5 Étang , *s. m.* grand amas d'eau stagnante.
  Étant , *part. pr.* du v. être.
  Étend (il) , du v. étendre.

Phrases.

1 L'amour du faste [3] souvent le sentiment de la bienveillance.

2 Charlemagne entraîna dans son ' l'Europe tout entière.

3 Le luxe s' [4] plutôt par vanité que par jouissance.

4 Il y a des [5] où l'on nourrit toute espèce de poissons.

5 On fait dans le midi de la France une grande consom-
mation de bas d' [3].

6 Cette blanchisseuse ' mal son linge avant de le plier,
aussi il jaunit.

7 Les gros cordages qu'on nomme [2] soutiennent les mâts
contre les efforts qui tendraient à les renverser vers l'arrière.

8 Un boucher dont l' [4] est bien achalandé peut faire à
Paris une fortune rapide.

9 La maladie ³ parfois jusqu'à l'amour de la vie.

10 La crainte, ainsi que l'espérance, ⁵ les maux et les biens.

11 Toutes les ² qui soutenaient le mur se sont rompues à la fois.

12 L' ³ ne conserve pas longtemps l'éclat qu'il a en sortant des mains de l'ouvrier.

13 Une grande âme prend son ¹ vers la vertu à la moindre occasion ; une âme basse ne va à son devoir qu'en rampant.

14 Le midi de la France 4 aux yeux de magnifiques débris de monuments romains.

15 On se rappelle avec plaisir ⁵ vieux ce qu'on a fait de bien ⁵ jeune.

16 Turenne ² aussi prudent que Condé ² impétueux.

17 L'hiver n'a point de fleurs, l' ² n'a point de glaces.

18 Les bas d' ³ excitent de vives démangeaisons les premières fois qu'on les porte.

19 La maladie ⁵ ses ravages sur les familles qui avaient ² épargnées jusqu'à ce moment.

20 La tempête a ² si violente, que le grand ², l' ² du grand mât, a ² rompu.

21 On ³ plus facilement un petit feu qu'on ne l'allume ; mais on allume plus promptement un incendie qu'on ne l' ³.

22 Tout corps gras s' 4 et s' ⁵ promptement sur les objets auxquels il s'attache.

23 Celui qui démolit , ² à ses dépens la maison voisine de la sienne.

24 Les grandes chaleurs de l' ² ont desséché tous les ⁵.

25 Le génie ne peut rester éternellement emprisonné dans les langes de la routine ; il prend son ¹ tôt ou tard.

26 La justice ² plus solidement les trônes que les armées nombreuses.

Homonymes.

1 ÉTIQUE, *adj.* maigre, décharné.
   ÉTHIQUE, *s. f.* morale.

2 ÊTRE, *v.* et *s. m.* ce qui existe.
   HÊTRE. *s. m.* arbre.

3 ÉTRIER, *s. m.* anneau qui sert à appuyer les pieds.
   ÉTRILLER, *v.* frotter avec l'étrille; battre, rançonner.

4 EUX, *pr. pers. m. pl.*
   ŒUFS, *s. m. pl.* de œuf.

5 ÉVEIL, *s. m.* avis d'une chose.
   ÉVEILLE (j', il), du *v.* éveiller; ils éveillent.

6 EXAUCER, *v.* écouter favorablement une prière.
   EXHAUSSER, *v.* élever.

7 EXCELLENT, *adj.* qui excelle; parfait.
   EXCELLANT, *part. pr.* du *v.* exceller.

8 EXCEPTEZ (vous), *v.* excepter.
   EXCEPTÉ, *part. invar.* avant, *var.* après le substantif.

9 EXIL, *s. m.* bannissement.
   EXILE (j', il), *v.* exiler; envoyer en exil; reléguer.

10 EXPÉDIANT, *part. pr.* d'expédier.
   EXPÉDIENT, *s. m.* moyen de terminer une affaire.

Phrases.

1 Il faut toujours avoir son paquet prêt, et le pied dans l' ³ pour le grand et dernier voyage.

2 On donne le nom d' ¹ aux ouvrages moraux d'Aristote.

3 Il faut ⁶ les rez-de-chaussée qui sont au niveau du sol, pour les rendre sains et habitables.

4 Dieu nous aime trop pour ⁶ tous nos vœux.

5 Trop de vigilance donne l'⁵ aux fripons.

6 Cervantes nous représente son héros monté sur une rosse ¹ et décharnée.

7 La plupart des hommes ne voient qu' [4] et ne s'occupent que d' [4] ; on dirait que le monde entier a été créé pour [4] seuls.

8 Tout passe ici-bas comme un songe, la vertu seule [8].

9 Une âme que Dieu a remplie de l'idée de son [2] infini ne peut être anéantie.

10 Les grands succès, en excitant l'admiration, [5] toujours l'envie.

11 L' [2] est la partie la plus importante de la philosophie scolastique.

12 L'égoïste mettrait le feu à la maison de son voisin pour faire cuire deux [4].

13 L'homme est relégué ici-bas dans un lieu d' [5], en attendant qu'il retourne au ciel, sa véritable patrie.

14 Dieu est l' [2] unique ; il est l' [2] des [2].

15 On peut tout sacrifier à l'amitié, [6] l'honnête et le juste.

16 Quand on est dans l'embarras, on a recours pour en sortir à tous les [10].

17 Il suffit qu'un homme soit bon ; il n'est pas nécessaire qu'il soit [7].

18 On a été forcé d' [6] si souvent le terrain de la Cité, que Notre-Dame se trouve aujourd'hui au-dessous du niveau du sol.

19 Un grand nombre de marchands ne se font pas scrupule de rançonner et d' [3] les étrangers.

20 Beaucoup d'oiseaux abandonnent leurs [4], quand on a découvert leur nid.

21 C'est en [10] un grand nombre d'affaires qu'on acquiert de l'habileté et de l'expérience.

22 On emploie particulièrement le [2] dans certains ouvrages de menuiserie.

23 Il est difficile qu'un homme, en [7] dans l'art qu'il exerce, n'arrive pas à la réputation et à la fortune.

Homonymes.

F

1 FABRICANT, *s m.* celui qui fait fabriquer.
   FABRIQUANT, *part. pr.* du v. fabriquer.

2 FACE, *s. f.* visage.
   FASSE (que je, qu'il), *subj. pr.* du v. faire.

3 FAIM, *s. f.* besoin de manger.
   FEINT (il), du v. feindre.
   FIN, *adj.* rusé, adroit.
   FIN, *s. f.* extrémité, terme.

4 FAÎNE, *s. f.* fruit du hêtre.
   FŒNE, *s. f.* insecte.

5 FAIRE, *v.* inf.
   FER, *s. m.* métal.
   FÈRE (La), ville de France.
   FERRE (je, il), du v. ferrer.

6 FAIS (je, tu), *v.* faire, et il *fait.*
   FAIT, *s. m.* action.
   FAIX, *s. m.* fardeau.

Phrases.

1 Il n'y a rien qui se [2] autant admirer qu'un homme qui sait être malheureux.

2 Il y a telle action dont le soupçon [5] la preuve, et dont la publicité [6] le châtiment.

3 La plupart des hommes se ressemblent, non pas dans ce qu'ils font, mais dans ce qu'ils peuvent [5].

4 La [3] regarde quelquefois à la porte de l'homme laborieux, mais elle n'ose pas entrer chez lui.

5 L'or est plus précieux que le [5], mais le [5] est beaucoup plus utile que l'or.

6 La science des [6] est bien futile quand on n'en peut tirer une conséquence morale importante.

7 On est souvent fâché du bonheur d'autrui, mais on[3] toujours d'en être heureux.

8 La probité qui empêche les esprits médiocres de parvenir à leurs[3] est un moyen de plus de réussir pour les habiles.

9 Il est peu d'hommes qui ne succombent sous le[6] d'une éclatante prospérité.

10 L'homme est le seul de tous les animaux qui ait la[2] tournée vers le soleil.

11 Les[1], dans toutes nos villes manufacturières, ont suspendu les travaux.

12 Charles VII, pour échapper au poison, se laissa mourir de[3].

13 Quoi que[2], pour mériter notre confiance, celui qui nous a trompés une fois, il lui est difficile de la ressaisir.

14 Il n'est point d'abus, quelque grand qu'il soit, qui ne puisse être vu sous des[2] avantageuses.

15 Les porcs se nourrissent de glands, de[4] et de châtaignes.

16 Qui oserait pénétrer dans la vie, s'il fallait y entrer par la[3]?

17 L'exemple d'un accident est suffisant pour en[5] sages plusieurs.

18 Un homme[3] peut trouver un peu plus[3] que lui.

19 On a[6] dans le Vendômois la découverte d'une mine de[5] très-riche.

20 Celui qui[3] de[5] le bien, et qui[6] le mal n'échappe pas à la vue de Dieu.

21 On[5] les chevaux de poste quatre fois par mois à peu près.

22 Il a des[4] fort rares dans sa collection d'insectes.

23 On ne[6] pas toujours ni ce qu'on veut, ni ce qu'on peut[5].

Homonymes.

1 FAISAN , *s. m.* oiseau de ce nom.
  FAISANT, *part. pr.* du v. faire.

2 FAITE , *part. passé f.* du v. faire.
  FAITES (vous), 2ᵉ pers. ind. pr. du v. faire.
  FÊTE , *s. f.* solennité ; réjouissance.
  FAÎTE, *s. m.* comble ; la partie la plus élevée d'un bâtim.

3 FAON , *s. m.* petit d'une biche.
  FEND (il) , du v. fendre.

4 FARD , *s. m.* couleur artificielle ; feinte.
  PHARE , *s. m.* tour surmontée d'un fanal.

5 FATIGANT , *adj.* ennuyeux , pénible.
  FATIGUANT , *part. pr.* du v. fatiguer.

6 FAUCILLE , *s. f.* outil pour scier le blé.
  FOCILE , *s. m.* os du bras ou de la jambe.
  FOSSILLE , *s. m.* et *adj.* corps pétrifié.

7 FAUT (il) , *v. imp.* falloir.
  FAUX , *adj* contraire à la vérité.
  FAUX , *s. f.* instrument tranchant.

8 FAUSSE , *adj.* fém. de faux , contraire à la vérité.
  FAUSSE (je, il), du v. fausser ; courber ; pervertir.
  FOSSE , *s. f.* creux fait dans la terre.

Phrases.

1 La modestie dans les femmes est un ajustement, un⁴ ajouté à la beauté.

2 Une ⁸ définition est un germe d'erreurs.

3 Que de bonnes actions dont il ne ⁷ pas trop presser les motifs !

4 L'amour-propre ressemble à la ⁸ tendresse d'une mère insensée.

5 Le plaisir qu'on éprouve en ¹ du bien paye de tous les bienfaits.

6 Il n'est pas d'homme plus [5] qu'un bavard.

7 Les Anglais passent tous les jours de [2] dans le recueillement et la prière.

8 Le [1] est un coq sauvage de la grosseur de nos poules.

9 Au commencement du dernier siècle, toutes les femmes faisaient usage de [4].

10 La [8] conscience ne se connaît pas.

11 L'adversité sert à nous faire connaître nos [7] amis ; c'est là son côté utile.

12 La foudre frappe le [2] du palais plus souvent que l'humble toit du pauvre.

13 Une [8] ! Voilà donc la dernière demeure de l'homme.

14 La biche que poursuivaient les chasseurs a disparu avec son [3] dans les taillis.

15 Les anciens représentaient le temps sous la figure d'un vieillard armé d'une [7].

16 J'aime à voir les blés tomber sous la [6] du joyeux laboureur.

17 La defiance est le [4] du sage ; mais c'est un [4] dangereux contre lequel il peut se briser.

18 C'est en [5] un chien de chasse, qu'on tempère son ardeur et qu'on parvient à le dresser.

19 Ne dites jamais à un indiscret ni ce que vous [2] ni ce que vous voulez faire.

20 Il [7] qu'un homme soit bien ennuyeux, et bien [5] pour qu'on le lui fasse sentir dans le monde.

21 Pour arriver a son but, l'ambitieux [3] la presse, pousse et renverse tous ceux qui le gênent.

22 On a donné aux ossements, aux coquilles et aux végétaux pétrifiés le nom de [6].

23 Je hais plus les gens qui ont du [4] dans l'âme que ceux qui en ont sur le visage.

24 L'interêt [8] présque toujours le jugement de l'homme.

Homonymes.

1 FAUSSER, *verbe*, courber; enfreindre.
FOSSÉ, *s. m.* creux en long dans la terre.
FAUSSET, *s. m.* brochette pour un tonneau; voix aigre.

2 FÉRIE, *s. f.* jour de fête.
FÉERIE, *s. f.* enchantement; art des fées.

3 FERMANT, *part. pr.* du v. fermer.
FERMENT, *s. m.* levain qui fait fermenter.
FERREMENT, *s. m.* outil de fer.

4 FÉTU, *s. m.* tuyau de paille.
FOETUS, *s. m.* animal à demi formé.

5 FEU, *s. m.* au pl. *feux.*
FEU, *adj.* défunt; *inv.* séparé du substantif.

6 FI! *interj.* qui marque le mépris.
FILS, *s. m.* garçon; enfant mâle.
FIE (il), du v. fier.
FIT (il), du v. faire.

7 FICTION, *s. f.* invention fabuleuse.
FIXIONS (nous), *imp.* du v. fixer.

8 FIL, *s. m.* à coudre, de fer; tranchant d'un instrum.
FILE, *s. f.* suite, rangée.
FILE (je, il), du v. filer.

Phrases.

1 Quand on est dans le pays des 7, il est difficile de ne pas en emprunter le langage.

2 Le 5 du génie ne peut s'allumer sous les glaces de l'âge.

3 Les deux chanteurs que nous avons entendus ont une voix de 1 désagréable.

4 La vie de l'homme ne tient qu'à un 6.

5 Il faut bien connaître ceux à qui on se 6.

6 Vous voyez un [4].dans l'œil de votre prochain, et vous n'apercevez pas une poutre dans le vôtre.

7   Mais adieu, [6] du plaisir
             Que la crainte vient corrompre.

8 Le [6] d'un héros se montre rarement le digne héritier du nom de son père.

9 L'esprit de parti finit toujours par [7] le jugement et par endurcir le cœur.

10 L'église veut que tonte [2] soit un jour de repos.

11 Il suffit qu'un homme passe par un endroit pour que tous les autres à la [8] y passent après lui.

12 Dans toute société, une médisance peut devenir un [3] de désordre et une occasion de trouble.

13 On a trouvé dans les mains des voleurs qu'on a arrêtés, des limes, des crochets et quantité d'autres [3].

14   Ma robe vous fait honte, un [6] de juge, ah [6]!

15 L'univers nous paraît une [2] dont l'Éternel est le magicien.

16 Si nous [7] notre attention sur les misères qui frappent nos regards nous y serions beaucoup plus sensibles.

17 En toute affaire, [1] sa foi est une félonie.

18 Cet anatomiste conserve dans l'esprit-de-vin des [4] de toute espèce d'animaux.

19 La [5] reine distribuait aux pauvres une grande partie de son revenu.

20 Si l'on ne mouillait le [8] de la vie de quelques larmes, il se relâcherait bientôt.

21 Il [6] avec si peu de soin le [1] dont il s'est servi, que la moitié du vin s'est perdue.

22 Le [5] sacré veille plus sûrement dans un cœur pur que sur l'autel de Vesta.

23 N'oubliez jamais ni les exemples ni les conseils que vous a donnés [5] votre mère.

Homonymes.

1 FILET, *s m.* rets pour prendre le poisson.
  FILAIT (il), imp. du v. filer.

2 FILTRE, *s. m.* ce qui sert à clarifier les liqueurs.
  PHILTRE, *s. m.* breuvage magique.

3 FLAN, *s. m.* sorte de tarte, gâteau.
  FLANC, *s. m.* côté, partie du corps.

4 FOI, *s. f.* confiance.
  FOIE, *s. m.* un des viscères.
  FOIS, *s. f.* le temps désigne la quantité.
  FOIX, *n. pr.* de ville, de comté.

5 FOND, *s. m.* la partie la plus basse.
  FONDS, *s. m.* propriété; argent placé; abondance.
  FOND (il), du v. fondre.
  FONT (ils), v. faire.
  FONTS, *s. m. pl.* vaisseau qui sert au baptême.

6 FOR, *s. m.* tribunal (*for intérieur*, conscience).
  FORE (je, il), v. forer, percer.
  FORS, *prép.* (excepté), vieux mot.
  FORT, *adj.* et *adv.* il s'emploie quelquefois subst.
  FORT, *s. m.* forteresse.

Phrases.

1 Peu de gens ont la bonne[4] de se louer de la fortune; on attribue tous ses succès à son talent.

2 Heureux celui qui est animé d'une[4] vive et sincère!

3 François Ier écrivait à sa mère après la bataille de Pavie : Tout est perdu, [6] l'honneur.

4 Le[3] est une pâtisserie lourde et indigeste.

5 Les prêtres examinèrent les entrailles et le[4] de la victime.

6 Pour tout homme, les[5] baptismaux sont la véritable source de vie.

7 Quand une[4] on s'est engagé dans la mauvaise voie, il est bien difficile d'en sortir.

8 Une fortune en [5] de terre est à l'abri, plus qu'une autre, de tout événement fâcheux.

9 Les rois qui [5] la guerre à contre-cœur sont rarement vainqueurs.

10 Un homme se rend justice dans son [6] intérieur et apprécie mieux ses actions que ne le font les autres.

11 Pour clarifier les liqueurs, on se sert ordinairement de [2] de papier gris.

12 La [4], la justice et la grandeur d'âme montèrent sur le trône avec Louis IX.

13 On [6] un puits artésien, d'où l'eau jaillira d'une profondeur de plus de quinze cents toises.

14 La glace du sommet des Cordillères ne [5] jamais.

15 Un [3] de modestie rapporte toujours un très-grand [5] d'intérêts.

16 L'habitude est pour nous comme ces faibles araignées qui prennent de grosses mouches dans des [1] imperceptibles.

17 On a trouvé le moyen de conserver la glace dans le [6] de l'été.

18 Un air maniéré est comme la broderie de ces étoffes dont le [5] n'est pas riche.

19 Pour s'exciter au combat, le lion se bat les [3] avec sa queue.

30 On ne saurait trop se hâter de présenter un enfant aux [5] de baptême.

21 Autrefois on croyait qu'au moyen de certains [2] on pouvait prolonger la vie.

22 Notre navire, dont le vent enflait toutes les voiles, [1] avec une rapidité merveilleuse.

23 L'or [5] dans la main du prodigue.

24 Le grand Frédéric a dit qu'un roi est, non pas une [4], mais mille [4] plus malheureux qu'un particulier.

Homonymes.

1 Forçat, *s. m.* galérien.
Força (il), v. forcer.

2 Foret, *s. m.* outil pour percer.
Forêt, *s. f.* grande étendue de bois.
Forait (il), 3ᵉ pers. sing. imp. du v. forer, percer.
Forez (le), anc. prov. de France.

3 Formas (tu) 2ᵉ pers. du v. former; et il *forma*.
Format, *s. m.* dimension d'un livre.

4 Four, *s. m.* voûte sous laquelle on fait cuire du pain.
Fourre (je, il) 3ᵉ pers. du v. fourrer.

5 Frai, *s. m.* altération des monnaies; œufs fécondés.
Frais; *adj.* qui a de la fraîcheur; et subst. masc.
Frais, *s. m. pl.* dépense ou dépens.
Fraie (je, il), du v. frayer.

6 Fumait (il), imp. du v. fumer.
Fumet, *s. m.* odeur du vin, des mets.

7 Fusilier, *s. m.* fantassin armé d'un fusil.
Fusiller, *v.* tuer à coup de fusil.

8 Fût, *s. m.* futaille; bois de fusil; partie de colonne.
Fut, *passé déf.* du v. être.
Fût (qu'il), imp. du subj. du v. être.

Phrases.

1 La salangane est une espèce d'hirondelle qui construit son nid avec du ⁵ de poisson.

2 Aussitôt qu'on s'aperçoit de l'évasion d'un ¹, on tire le canon pour que les autorités en soient averties.

3 Il y avait autrefois des compagnies spéciales de ⁷.

4 On doit canneler les ⁸ des colonnes de ce palais pour les rendre plus légères.

5 Le premier qui ⁵ roi ⁸ un soldat heureux.

6 La mort nous est aussi nécessaire que le sommeil ; par elle nous nous réveillerons plus [5] le lendemain.

7 L'homme de génie se [5] une route loin des sentiers battus.

8 Il faut dans une bibliothèque des livres de tous les [3].

9 Après avoir abattu la [2] des préjugés, la philosophie doit cultiver le sol.

10 Rien qu'au [6] des viandes, on en peut reconnaître la qualité.

11 Plus on fait de [5] pour le bonheur et le plaisir, moins on en jouit.

12 C'est le désordre qui [1] les hommes à se placer sous la sauvegarde des lois.

13 Il y a des gens indiscrets qui [4] leur nez partout.

14 Le général a donné ordre de [7] tous les transfuges qu'on a faits prisonniers.

15 Dans la circulation, toute pièce au bout d'un certain temps a perdu par le [5].

16 Il y avait autrefois dans les campagnes des [4] communs, où chacun faisait cuire à son tour.

17 Il est rare qu'un [1] sorte du bagne meilleur qu'il n'y est entré.

18 Beaucoup de gens se préparent à grands [5] des maladies et même la mort.

19 Le génie s'ouvre et se [5] des routes nouvelles ; le talent suit les sentiers connus.

20 On mange à Paris le poisson aussi [5] que dans les ports de mer.

21 L'ancienne province du [2] a formé une partie du département de la Loire.

22 Les [2] ne sont plus aujourd'hui peuplées de bêtes fauves ni remplies de voleurs.

23 Les vieux [5] sont criblés de coups de [2].

24 Il est peu d'auteurs qu'on ait publiés dans tous les [3].

Homonyme.

G

1 GAI, *adj.* joyeux.
GUÉ, *s. m.* lieu où l'on peut passer une riv. à pied.
GUET, *s. m.* action d'épier ; ronde de soldats.

2 GAIETÉ, *s. f.* joie, belle humeur.
GUETTÉ, *part. passé* du v. guetter.
GUETTEZ (vous), 2e pers. pl. du même verbe.

3 GALE, *s. f.* pustules ; maladie des végétaux.
GALLE, *s. f.* excroissance sur les tiges des arbres.
GALLES, *n. pr.* d'une province d'Angleterre.

4 GAND, *n. pr.* de ville.
GANT, *s. m.* ce qui sert à couvrir les mains.

5 GARD, rivière et département de ce nom.
GARE (je, il) du v. garer ; préserver.
GARE ! *interj.* pour avertir ou menacer.
GARE, *s. f.* lieu qui sert d'abri aux bateaux.
GARS, *s. m.* jeune garçon.

6 GAZE, *s. f.* étoffe légère, très-claire.
GAZ, *s. m.* fluide aériforme.
GAZE (je, il), du v. gazer, voiler.

Phrases.

1 Toutes les nuits, des soldats du [1] traversent Paris dans tous les sens.

2 La découverte des [6] a fait reconnaître que l'air n'est pas un corps simple.

3 Le pont du [5] est un des plus beaux ouvrages qui nous restent des Romains.

4 La [3] est une maladie moins dangereuse pour le corps que l'envie ne l'est pour l'âme.

5 L'homme [1] n'est jamais d'un caractère dangereux, ni difficile.

6 La² est la santé de l'âme, la tristesse en est le poison.

7 L'amour-propre est un⁶ subtil dont la source corrompue circule malgré nous de l'une à l'autre de nos actions.

8 Si, dans la bagarre, il tombe sous ma main, je ne crierai pas⁵.

9 C'est à⁴ qu'est né Charles-Quint.

10 Le chêne vert produit des³ rougeâtres qu'on emploie utilement en médecine.

11 La raison entoure de⁶ le flambeau de la vérité.

12 Comme le froid menace, la⁵ est encombrée de bateaux.

13 Un général prudent fait reconnaître tous les¹ voisins de son camp.

14 Ce paysan a l'air d'un joyeux⁵.

15 Depuis trente ans, on a augmenté d'une manière considérable le service du¹.

16 Quand l'âme est tranquille, la² est pure et franche.

17 Charles IX portait pendant la nuit des⁴ parfumés.

18 Le pays de³ est une des provinces les plus fertiles de l'Angleterre.

19 Le chat a fait le¹ pendant toute la nuit; mais il a inutilement² la souris.

20 L'affabilité grimacière n'est qu'une⁶ sur un cœur faux.

21 On ne se⁵ pas toujours facilement des voitures dans les rues de Paris.

22 Il n'était pas permis autrefois aux juges d'avoir des⁴ quand ils exerçaient leurs fonctions.

23 Cet homme ne farde ni ne⁵ sa pensée, il la dit toujours tout entière.

Homonymes.

1 GÈNE, *s. f.* contrainte; pauvreté; torture.
GÊNES (tu), 2ᶜ pers. sing. ind. du v. gêner.
GÊNES, *n. pr.* de ville (Sardaigne.)

2 GÉNÉRAL, *s. m.* commandant d'un corps d'armée.
GÉNÉRAL, *adj.* universel, commun. *En général.*
GÉNÉRALE, *s. f.* femme d'un général.
GÉNÉRALE, *s. f.* appel au son du tambour.

3 GENS, *s. f.* plur. de gent.
JAN, *s. m.* terme du jeu de trictrac.
JEAN, *n. pr.* d'homme.

'4 GOUTTE, *s, f.* petite partie d'un liquide; maladie.
GOÛTE (il), 3ᵉ pers. du v. goûter.

5 GRÂCE, *s. f.* faveur, agrément, divinité.
GRASSE, *adj. f.* de gras; *n. pr.* de ville.

6 GRAISSE, *s. f.* substance grasse.
GRAISSE (je, il), du v. graisser.
GRÈCE, *s. f.* contrée d'Europe.

7 GRAY, *n. pr.* de ville.
GRÉ, *s. m.* bonne volonté.
GRÈS, *s. m.* pierre dure; poterie.

Phrases.

1 On ne se sert pas de ⁷ en maçonnerie, parce qu'il se lie mal avec le mortier.

2 Il faut qu'un ² d'armée meure debout et non dans son lit.

3 La bonne ⁵ est naturelle, le bon air est toujours acquis.

4 Il faut savoir ⁷ à la fortune, comme au méchant, de tout le mal qu'elle ne nous fait pas.

5 Un ambitieux a autant de maîtres qu'il y a de ³ qui lui sont utiles.

6 Le règne du roi [3] est un des plus malheureux de notre histoire.

7 Si la loi est juste en [2], il ne faut pas se plaindre pour quelques applications malheureuses.

8 Un recueil de pensées est une table de chapitres que chacun compose à sou [7].

9 Ne décidons jamais où nous ne voyons [4].

10 Il ne peut y avoir de vraie amitié qu'entre les [3] de bien.

11 Étampes exploite de riches carrières de [7] pour le pavage de Paris.

12 C'est dans le territoire de [1] que naquit Christophe Colomb.

13 On a battu la [2] dans tous les quartiers de la ville.

14 C'est Louis XVI qui fit supprimer la [1], torture affreuse, à laquelle on appliquait les malheureux accusés.

15 Lorsque la réalité nous échappe, nous jouissons en imagination, [5] à l'espérance.

16 Jamais on ne [4] mieux le bonheur qu'après une grande infortune.

17 Telle plante demande une terre [5], et telle autre un terrain sablonneux.

18 L'eau qui tombe [4] à [4] finit par creuser les pierres les plus dures.

19 Les Français supportent plus patiemment la [1] d'argent que la [1] d'opinions.

20 On donne le nom de grand [3] et de petit [3] aux deux tables du trictrac.

21 Athènes est, de toutes les villes de la [6], celle qui a produit le plus de grands hommes.

22 En [2] peu de [3] voient les événements réussir à leur [7].

Homonymes.

1 GRIS, *adj.* noir mêlé de blanc.
  GRIL, *s. m.* ustensile de cuisine.

2 GUÈRE, *adv.* peu.
  GUERRE, *s. f.* lutte entre peuples à main armée.

3 GUIDON, *s. m.* petit drapeau; celui qui le porte.
  GUIDONS (nous), 1ʳᵉ pers. pl. du v. guider.

4 GUINGAMP, *n. pr.* de ville.
  GUINGAN, *s. m.* toile de coton des Indes.

H

5 HÀLE, *s. m.* impression de l'air.
  HÀLE (je, il), du v. hâler, rendre basané.
  HALE (je, il), du v. haler, tirer, exciter.
  HALLE, *s. f.* marché.

6 HARO, *invar.* terme pour arrêter quelqu'un.
  ARAU, *n. pr.* de ville.

7 HAUTAIN, *adj.* fier, orgueilleux.
  HAUTIN, *s. m.* petit poisson de mer.

8 HAUTESSE, *s. m.* titre qu'on donne au sultan.
  HÔTESSE, *s. f.* maîtresse d'un hôtel.

9 HÉLÈNE, *n. pr.* de femme.
  HELLÈNE, *s. m.* Grec.

Phrases.

1 La ² purge les États d'une foule de gens oisifs et dépravés.

2 Pour se garantir du ⁵, les Italiennes portent souvent des masques.

3 Malherbe dit que les rois sont⁷ jusque dans leur tombeau, et que leurs âmes y font encore les vaines.

4 L'enlèvement d'⁹, femme de Ménélas, fut la cause de

la destruction de Troie et la source des plus grands malheurs.

5 La [5] de Paris doit être toujours bien approvisionnée.

6 La [2] n'est pas si onéreuse que la servitude.

7 Sa [5] l'empereur de Turquie a mis le plus grand empressement a admettre notre ambassadeur en sa présence.

8 Aussitôt on cria [6] sur le baudet.

9 [6] est le chef-lieu de canton le plus fertile de la Suisse.

10 On fabrique à [4], dans le département des Côtes-du-Nord, une grande quantité de toiles communes.

11 On n'aurait [x] de plaisir si l'on ne se flattait jamais.

12 Après une lutte acharnée, les [9] ont enfin triomphé et proclamé l'indépendance de la Grèce.

13 La [5] aux vins occupe un espace de près de quatre cents mètres carrés.

14 Que les voyageurs fassent beaucoup ou peu de dépense, cette [5] les reçoit toujours bien.

15 Dieu humilie tôt ou tard les hommes fiers et [7].

16 Les cheveux [x] n'inspirent pas le même respect que les cheveux blancs.

17 On se sert de [4] particulièrement pour doublures.

18 Dans l'ancienne gendarmerie, le [3] avait le titre et le rang d'officier.

19 Il est impossible que nous ne devenions pas meilleurs, si nous nous [3] sur les beaux exemples.

20 Dès que le malencontreux orateur eût parlé, tout le monde cria [6] sur lui.

21 Les [2] entre les nations civilisées ont des effets presque aussi funestes que les [2] civiles.

22 Autrefois, le [7] était un des instruments de torture.

23 Les matelots crient : [5], [5], afin de manœuvrer de concert et avec ensemble.

24 L'homme parvenu à la maturité de l'âge ne se repose plus que sur le [7] ardent de l'ambition.

Homonymes.

1 Héros , *s. m.* guerrier illustre.
  Héraut , *s. m.* officier qui fait les publications.
  Hérault , nom d'une riv. et d'un départ. de France.
  Héro , ancienne prêtresse.

2 Heur , *s. m.* bonne fortune.
  Heure , *s. f.* la vingt-quatrième partie du jour.
  Heurt , *s. m.* choc.
  Eure , nom d'une riv. et d'un départem. de France.

3 Hier , *adv. de temps.*
  Hyères , *n. pr.* de ville ; îles de ce nom.

4 Hochet , *s. m.* jouet d'enfant.
  Hochait (il) , du v. hocher, secouer.

5 Hom ! *interjection.*
  Homme , *s. m.* animal raisonnable.
  Heaume , *s. m.* casque.

6 Homard , *s. m.* grosse écrevisse de mer.
  Omar , *n. pr.* d'un calife.

Phrases.

1 Il y a des [1] en mal comme en bien.

2 Lire, c'est échanger des [2] d'ennui contre des [2] délicieuses.

3 Il faut des [4] aux [5] aussi bien qu'aux enfants.

4 C'est par l'ordre du calife [6] que fut detruite, au septième siècle, la fameuse bibliothèque d'Alexandrie.

5 Un [4] suffit pour apaiser un enfant qui crie.

6 Les noms de [1] et de Léandre sont associés dans le même souvenir.

7 Aux cérémonies funèbres, les [1] d'armes portaient une longue robe de deuil.

8 Dans ce monde, il n'y a qu'² et malheur ; le bien est à côté du mal, la joie est voisine de la douleur.

9 Malgré les² et les mauvais pas, nous finirons par arriver sans accident.

10 ³est passé ; aujourd'hui est près de nous échapper, et rien ne nous répond de demain.

11 Le malin vieillard⁴ de temps en temps la tête, mais ce n'était pas en signe d'adhésion.

12 La valeur toute seule ne suffit pas pour faire des ʳ.

13 Le plus estimé des casques, le⁵, était spécialement réservé aux chevaliers.

14 Les croix et les cordons sont des⁴ à l'usage des grands enfants.

15 Nous avons abandonné le département de l'², et nous nous sommes fixés dans une des îles³.

16 Quelle humiliation ce fut pour Aman de servir de ¹ à la gloire de Mardochée.

17 Ce n'est pas peu d'² de réussir quant on agit sans prudence.

18 Que d'⁵, hélas ! ont négligé les devoirs dont on espérait qu'ils s'acquitteraient avec zèle.

19 Pendant les plus grandes chaleurs, on peut se procurer à Paris des⁶ très-frais.

20 Désespérée de la mort de Léandre, ¹ se précipita dans l'Hellespont.

21 Une seule² bien employée peut rapporter de très-grands bénéfices.

22 La rivière de l'², qui a sa source dans le département de l'Orne, se jette dans la Seine au-dessus de Pont-de-l'Arche.

23 Autrefois on donnait le nom de heaumerie à l'art de fabriquer des⁵ et les différentes parties de ces armures.

Homonymes.

1 HÔTE, *s. m.* qui loge ou qui est logé ; habitant.
 HAUTE, *adj. f.* de haut, élevé.
 OTE (j', il), du v. ôter.

2 HUIS, *s. m.* porte (terme de palais).
 HUIT, *adj.* de nombre.

3 HURE, *s. f.* tête de sanglier.
 UR, *n. pr.* d'une ville ancienne.
 EURENT (ils), passé déf. du v. avoir.

I

4 IL, pronom de la 3ᵉ pers. au pl. *ils.*
 ILE, *s. f.* terre entourée d'eau.
 ILL, rivière de France (Alsace).
 ILLE, rivière de France (Bretagne.)
 ISLE, rivière de France (Guyenne).

5 IMAGINAIRE, *adj.* idéal, illusoire.
 IMAGINÈRENT (ils), 3ᵉ pers. du v. imaginer.

6 INTENSION, *s. f.* force, véhémence (peu usité).
 INTENTION, *s. f.* dessein, projet.

7 INVENTAIRE, *s. m.* dénombrement, estimation.
 INVENTÈRENT (ils), du v. inventer.

Phrases.

1 L'abus des choses en [1] le goût.

2 Un négociant fait son [7] au moins une fois l'an.

3 Une âme peut être [1] sans orgueil, et humble sans bassesse.

4 Ce qu'on donne à ses amis, on l' [1] et on le ravit aux caprices du sort.

5   La mort s'approche ; [4] frissonne, [4] pâlit,
      Croyant déjà qu'à son [2] elle frappe.

6 La dépense qu'on fait pour un ¹ estimable est un bénéfice.

7 Quand les hommes ne peuvent excuser une action, c'est alors l' ⁶ qu'ils excusent.

8 La peinture exagérée des maux ⁵ rend sensible aux maux véritables.

9 Ce sont les Arabes qui ⁷ les chiffres et l'algèbre.

10 La Grande-Bretagne est l'⁴ la plus riche et la plus peuplée de l'Europe.

11 Voici la plus belle ³ de sanglier que j'aie jamais vue.

12 Ce n'est pas le bienfait qu'on doit peser, c'est l' ⁶.

13 La ville de Périgueux, située sur l'⁴, a un marché aux porcs qui est le plus considérable de France.

14 Les Grecs ³ à lutter contre des armées nombreuses; cependant ils ³ rarement le dessous.

15 Ce que les hommes de génie ⁵ et⁷ a profité à l'humanité tout entière.

16 Il est des causes qu'on ne juge qu'à ² clos.

17 Il est rare de jouir de ² années d'abondance de suite.

18 Strasbourg, Colmar et Mulhausen, villes importantes d'Alsace, sont situées sur l'⁴.

19 Le Malade ⁵ est une des comédies les plus gaies de Molière.

20 Tharé, et son fils Abraham, naquirent à³, ville de Chaldée.

21 L'⁴ passe à Rennes, et se réunit près de cette ville à la Vilaine.

22 On ¹ au malheureux sa plus douce consolation quand on lui ¹ la pensée d'un dieu.

23 Napoléon, né dans l'⁴ de Corse, a été exilé à l'⁴ d'Elbe, puis à l'⁴ Sainte-Hélène où il est mort.

4.

Homonymes.

1 JAIS, *s. m.* bitume fossile très-noir.
  JET, *s. m.* action de jeter ; jaillissement.
  GEAI, *s. m.* oiseau de ce nom.

2 JARS, *s. m.* le mâle d'une oie.
  JARRE, *s. f.* sorte de jatte.

3 JE, *pr.* de la 1ʳᵉ pers.
  JEU, *s. m.* amusement, récréation.

4 JEUNE, *adj,* peu avancé en âge.
  JEÛNE, *s. m.* abstinence.
  JEÛNE (il), du v. jeûner.

5 JOUET, *s. m.* ce qui sert à amuser.
  JOUAIT (il), 3ᵉ pers. du v. jouer.

6 JUDA, *s. m.* ouverture faite à un plancher.
  JUDA, *n. pr.* d'homme et de ville.
  JUDAS, *n. pr.* d'homme; celui qui trahit Jésus-Christ.

L

LA, *s. m.* note de musique.
LA, *art. pr. fém.*
Là, *adv.* de lieu.
LACS, *s. m.* cordon, nœud, piége.
LAS, *adj.* fatigué.

Phrases.

1 La fortune est un enfant peu difficile en[5].

2 La symphonie en[7] de Bethoven est un des plus beaux morceaux de ce grand compositeur.

3 Richelieu fit[5] à son roi le second rôle dans la monarchie, et le premier en Europe.

4 [5] vendit Notre-Seigneur pour trente deniers.

5 L'égalité est au cimetière, mais elle n'est que[7].

6 Les parures de[1] ne sont plus de mode.

7 Il est beaucoup de[1] qui se parent des plumes du paon.

8 Dans les[7] de la chèvre, un cerf se trouva pris.

9 L'alliance que[6] Machabée avait envoyée demander est accordée.

10 Il y a des choses qui demandent à être faites d'un seul[1].

11 La jeunesse seule, pleine d'une confiance sans bornes, peut dire : J'ai vécu,[3] vis,[3] vivrai.

12 [7]raison supporte les disgrâces ; [7]patience et[7] résignation les surmontent.

13 Quand on est[4], l'horizon qu'on a devant les yeux paraît sans bornes.

14 Manassès, roi de[7], fit fendre le corps du prophète Isaïe avec une scie de bois.

15 Le grand[4], a dit saint Augustin, est l'abstinence de vices.

16 Ces enfants ont bu une[2] toute pleine de lait.

17 Les[1] ont un cri aigre et très-désagréable.

18 Ce fut[6] qui proposa à ses frères de vendre Joseph à des marchands ismaélites.

19 Un cerf s'est trouvé pris dans les[7] que nous avions tendus.

20 Celui qui meurt[4], s'il a su bien vivre, a toujours assez vécu.

21 La chair du[2] est moins lourde et plus délicate que celle de l'oie.

22 Tel hasarde au[3] des sommes énormes qui ne donnerait pas volontiers cent sous à un pauvre.

23 Combien trouve-t-on dans le monde de[1] parés des plumes du paon.

24 La famille tout entière assise autour d'une[2] de lait faisait son modeste repas.

Homonymes.

1 LABOUR, *s. m.* façon donnée à la terre en labourant.
LABOURE (il), 3ᵉ pers. du v. labourer.

2 LAC, *s. m.* grande étendue d'eau dormante.
LACK, monnaie de compte russe (300,000 fr.).
LAQUE, *s. f.* gomme, résine.
LAQUE, *s. m.* vernis de Chine.

3 LACET, *s. m.* cordon de fil ou de soie.
LASSER, *v.* fatiguer.

4 LACERET, *s. m.* tarière ; outil pour faire des trous.
LACERAIT (il), du v. lacer.

5 LAI, *s. m.* complainte, espèce de poésie.
LAI, *adj.* laïque.
LAID, *adj.* difforme.
LAIE, *s. f.* femelle du sanglier.
LAIT, *s. m.* laitage.
LÉ, *s. m.* lisière ; largeur d'une étoffe.
LEGS, *s. m.* don par testament.
LES, *art.* et *pron. pl.* des deux genres.
LÈS, *prép.* près de ; Passy-lès-Paris.

Phrases.

1 [5]affligés ont assez d'éloquence pour[3] et ennuyer[5] plus patients.

2 La terre produit partout en proportion du[1].

3 Genève est située sur un[2] délicieux.

4 L'hiver, on prend très-aisément des oiseaux au[3].

5 [5] meubles en beau[2] de Chine sont aussi élégants qu'ils sont peu solides.

6 [5] les frères[5] remplissent dans[5] couvents[5] fonctions de domestiques.

7 Il y a quelques vieux[5] qui sont pleins de naïveté.

8 Qu'un fils qui a sucé le [5] de sa mère ne s'abreuve jamais de ses larmes.

9 Pourquoi ne [1] -t-on pas [5] terres immenses qui restent en friche.

10 La [5] est terrible lorsqu'elle défend ses marcassins.

11 La [2] est une gomme faite par des fourmis des Indes.

12 Un bon livre est un bon [5] que l'auteur fait au genre humain.

13 Louis XI préférait le château de Plessis-[5]-Tours à toute autre habitation.

14 Le crapaud, sans être le plus [5], est le plus dégoûtant de tous les animaux.

15 Se [3] de remplir ses devoirs, c'est se [3] de l'estime et de l'amitié des honnêtes gens.

16 On fait en France, avec beaucoup de solidité, des [2] semblables à ceux de la Chine.

17 Le vin est le [5] des vieillards.

18 La robe de cette petite fille était si étroite qu'il a fallu y ajouter un [5].

19 [5] anciens Gaulois regardaient les [2] comme des lieux où [5] divinités fixaient leur séjour.

20 Le nombre des frères [5] varie suivant l'importance des couvents.

21 Le petit [5] est une boisson agréable et rafraîchissante.

22 La gloire est un [5] onéreux pour qui ne sait pas la soutenir.

23 Le hibou est le plus [5] de tous les oiseaux.

24 Les fourmis qui vivent sur les montagnes sont celles qui font la plus belle [2], la [2] du plus beau rouge.

25 Les [4] d'acier se rompent quelquefois, les [4] de fer se courbent presque toujours.

Homonymes.

1 LAITÉ, *adj.* poisson qui a une laitance.
LÉTHÉ, *s. m.* fleuve des enfers ; fleuve d'oubli.

2 LEST, *s. m.* poids d'un navire.
LESTE, *adj.* adroit, léger ; trop libre.

3 LAON, *s. m.* ville de France.
LENT, *adj.* qui a de la lenteur.

4 LARD, *s. m.* graisse du porc et des gros poissons.
LARES, *s. m. pl.* dieux domestiques des païens.

5 LE, *art. masc. sing.*
LEU, *n. pr. Saint-Leu.*

6 LÉGAT, *s. m.* gouverneur envoyé, ecclésiastique.
LÉGUA (il), du v. léguer.

7 LEUR, *pron. pers.* et *adj. poss.*
LEURRE, tromperie, *s. m.* et *verbe.*
LEURRE (je, il), du v. leurrer, tromper.

8 LEVIER, *s. m.* barre propre à soulever les fardeaux.
LEVIEZ (vous), 2° pers. pl. imp. du v. lever.

9 LICE, *s. f.* champ, chienne de chasse.
LIS, *s. f.* fleur ; anciennes armoiries de France.
LISSE, *adj.* uni et poli, doux.

Phrases.

1 L'espérance anime[5] sage et[7] le présomptueux.

2 L'ambassadeur du saint-siége à Paris est un[6] à latere.

3 Que d'hommes ici-bas voudraient pouvoir de temps en temps boire de l'eau du[1] !

4 Une colonne[9] plaît moins à l'œil qu'une colonne cannelée.

5 C'est dans la ville de[3] que le[4] fut présenté au roi.

6 Horace en mourant[6] par testament tous ses biens à l'empereur.

7 Avec un⁸ et un point d'appui, on pourrait soulever le monde.

8 En rentrant chez lui, le consul fit un sacrifice à ses dieux⁴.

9 Les poissons ¹ sont en général beaucoup plus délicats que les autres.

10 Un enfant, quand il implore son pardon, trouve toujours qu'on est³ à pardonner.

11 L'esprit sans le jugement est un vaisseau sans² et sans gouvernail.

12 On hait les jeunes gens dont les manières sont ² et par trop familières.

13 L'espérance ⁷ les grands et les petits, en ⁷ faisant croire que⁷ vœux seront accomplis.

14 On est ³ à se porter au bien et prompt à se décider au mal.

15 Le chef-lieu du département de l'Aisne, ³ n'est, célèbre par aucune industrie particulière.

16 Les ⁹ ont disparu des armes de France et de tous les écussons.

17 La victime qu'on offrait, en public, aux dieux ⁴ était un porc dont les sacrificateurs se partageaient la chair, le ⁴ et les entrailles.

18 L'église de Saint-⁵ est un des plus anciens monuments de Paris.

19 Il faut que la force du ⁸ soit proportionnée à celle du fardeau qu'on veut soulever.

20 Pour exceller dans les exercices du corps, il faut être souple, ² et agile.

21 L'enfant gâté, en sortant de sa famille, entre nu dans une ⁹ où les combattants sont couverts de fer.

Homonymes.

1 LIERRE, *s. m.* plante rampante.
 LIÈRENT, (ils) 3ᵉ pers. pl. du v. lier.

2 LIE, *s. f.* dépôt d'une liqueur.
 LIE (je, il), du v. lier, attacher.
 LIS (je, tu), du v. lire.
 LIT (il), du v. lire.
 LIT, *s. m.* meuble pour dormir.

3 LIEU, *s. m.* espace qu'occupe un corps; endroit.
 LIEUE, *s. f.* mesure itinéraire.

4 LION, *s. m.* quadrupède carnassier.—*Golfe de Lion*.
 LIONS (nous), 1ʳᵉ pers. pl. du v. lier.
 LYON, *nom pr.* d'une ville de France.

5 LIRE, *v.* faire une lecture.
 LYRE, *s. f.* instrument à cordes.

6 LISSÉE, *adj. f.* de lissé, uni, poli.
 LYCÉE, *s. m.* académie; collége.

7 LIVRET, *s. m.* petit livre.
 LIVRAIT (il), 3ᵉ pers. sing. imp. du v. livrer.
 LIVRÉ, *part. passé* du v. livrer.

Phrases.

1 J'ai bu le calice jusqu'à la ².

2 Les Grecs avaient une ⁵ qu'ils appelaient tortue, parce que sa base ressemblait à l'écaille de l'animal qui porte ce nom.

3 La ² contribue à la conservation du vin.

4 Quand l'histoire ne serait pas utile aux autres hommes, il faudrait la ⁵ aux princes.

5 Il faut un peu plus de deux milles pour faire une de nos ³ de poste.

6 On désigne l'école d'Aristote sous le nom de ⁶.

7 L'attente est une chaîne qui ² tous nos plaisirs.

8 Le cyprès et le ' sont les arbres des tombeaux.

9 Le malheur est aux [3] qu'on habite, et le bonheur aux [3] où l'on n'est pas.

10 La ville du monde où se fabriquent les plus belles étof fes de soie est [4].

11 Tous les ouvriers de cette manufacture ont pris un [7] à la caisse d'épargne.

12 Ne nous [4] pas avec des gens dont le cœur est faux, car nous aurions [3] de nous en repentir tôt ou tard.

13 Au [2] de mort, que de gens habiles se montrent maladroits.

14 Le jeune homme doit s'attacher au vieillard comme le ' à l'ormeau.

15 Celui qui aime à [5] trouve facilement un remède contre l'ennui.

16 La terre a neuf mille [3] de tour.

17 Ote avec soin les mauvaises herbes des épis que tu [2] ensemble.

18 La [5] dont les anciens se servaient le plus ordinairement était la [5] à sept cordes.

19 Sous l'Empire les colléges portaient le nom de [6].

20 Il n'est [2] si doux où le coupable puisse dormir agréablement.

21 L'emplacement où fut élevé le [6] avait été primitivement occupé par un temple consacré à Apollon Lycien.

22 Autrefois l'Hôtel-Dieu avait droit de réclamer le [2] complet de l'archevêque et les [2] des chanoines qui venaient à décéder.

23 Dans le midi de la France, le ' devient quelquefois un petit arbre et se soutient sans appui.

24 Le golfe de [4] était connu autrefois sous le nom de détroit Gaulois.

Homonymes.

1 Loch, s. m. instrument de marine.
Looch et Lok, s. m. potion calmante, médicament.
Loque, s. f. haillon, lambeau.

2 Loir, s. m. animal; rivière.
Loire, s. f. rivière et département de ce nom.

3 Lord, s. m. titre seigneurial en Angleterre.
Lors, adv. de temps.
Laure, n. pr. de femme.

4 Loth, n. pr. neveu d'Abraham.
Lot, nom d'une rivière et d'un département de France.

5 Loue (je, il), du v. louer.
Loup, s. m. quadrupède carnassier.

6 Lui, pron. de la 3ᵉ pers. ; et part. passé de luire.
Luit (il), 3ᵉ pers. du v. luire.

7 Lut, s. m. espèce de mastic.
Luth, s. m. instrument à cordes.
Lutte, s. f. sorte de combat.

8 Luter, v. enduire de lut, mastiquer.
Luther, n. pr. d'un fameux chef de secte.
Lutter, v. s'exercer à la lutte.

Phrases.

1 Le vrai courage ne consiste pas à braver la mort, mais à ³ contre l'infortune.

2 N'ajoutons pas foi aux compliments que nous adresse une personne qui ⁵ tout sans discernement.

3 Le soleil ⁶ pour tout le monde, comme la terre produit pour tous.

4 La ⁷ entraîne dans son cours des masses de sable qui en rendent la navigation dangereuse.

5 La Méditerranée nourrit une grande tortue à **laquelle sa** forme allongée a fait donner le nom de ⁷.

6 Les marmottes et les [2] sont des animaux du genre des souris.

7 Celui-là est haïssable qui parle toujours de [8].

8 De tous les enduits, le [7] est le seul qui résiste au feu.

9 Je m'endormis mouton et me réveillai [5].

10 Les combats des sectes et des partis ne sont que des [7] de domination.

11 La chambre des pairs, en Angleterre, porte le nom de chambre des [3].

12 Le fameux réformateur allemand [8], mourut en 1546.

13 C'est une adresse en amitié que de tromper son ami pour [6] rendre service.

14 [3] d'une révolution, tout paraît changer, mais ce sont les mêmes passions qui règnent sous des noms différents.

15 Tous les soirs, il prend un [1] pour calmer son irritation de poitrine.

16 La femme de [4], pour avoir désobéi à Dieu, fut changée en statue de sel.

17 Les murs du collége de Vendôme sont baignés par le [2].

18 Il ne faut [8] ni avec un plus fort, ni avec un plus faible que soi.

19 Le [1] sert à mesurer la vitesse du sillage d'un bâtiment.

20 Pétrarque a rendu le nom de [3] immortel.

16 Que de pauvres sont sans abri et n'ont que de misérables [1] pour tout vêtement.

22 Quand on fait chauffer un tube, on a soin de le [9] pour le préserver de l'action trop vive du feu.

23 Anaxénor est le plus fameux joueur de [7] des temps historiques.

24 Le [4] est un des affluents de la Garonne.

Homonymes.

M

1 MA, *adj. f.* de mon.
MÀT. *s. m.* longue pièce de bois qui porte les voiles.
MAT, *adj.* sans éclat.
MAT, *s. m.* terme du jeu d'échecs.

2 MAI, *s. m.* 5ᵉ mois de l'année.
MAIE, *s. f.* pétrin.
MAIS, *conjonction.*
METS, *s. m.* nourriture.
METS (je, tu), *v.* mettre, et il *met.*
MES, *adj. poss. pl.* des deux genres.

3 MAIL, *s. m.* battoir; jeu; promenade.
MAILLE, *s. f.* anneau de tissu; petite monnaie.

4 MAIN, *s. f.* partie du bras.
MAINT, *adj.* plusieurs.
MEIN (le), rivière d'Allemagne.

5 MAINTIEN, *s. m.* contenance, manière d'être.
MAINTIENT (il), du v. maintenir.

Phrases.

1 On donnait autrefois le nom de[3] à une promenade plantée de plusieurs rangs d'arbres.

2 La[4] tremble en écrivant, lorsque la prudence ou la peur lui crie : Prends-garde.

3 L'abattement[2] le comble à nos maux en nous ôtant les moyens d'y remédier.

4 La vanité, l'amour-propre et l'orgueil forment les[3] de canevas, où sont brodées la plupart des actions humaines.

5 Ne donne pas à tes amis les conseils les plus agréables, [2] les plus avantageux.

6 C'est notre humeur qui[2] le prix à tout ce qui nous vient de la fortune.

7 Les meilleurs ² sont ceux qu'on assaisonne de beaucoup
d'exercice.

8 Je n'ai jamais vu d'homme qni n'annonçât par son ⁵ et
ses habitudes l'élévation ou la bassesse de son âme.

9 Le mois de ² est ordinairement un des plus beaux mois
de l'année.

10 Ce joueur a été fait deux fois de suite échec et ¹.

11 Dieu considère les ⁴ pures et non celles qui sont char-
gées d'offrandes.

12 A toute perfection il **y** a un si ou un ².

13 Les chevaliers portaient d'élégantes cottes de ³.

14 ⁴ vieillards vous ont donné d'excellents conseils que
vous n'avez ni écoutés ni suivis.

15 Qui ⁵ son droit avec une noble vigueur, ² tous les gens
raisonnables de son parti.

16 On fait de fort beaux bijoux en or ¹ et en or poli.

17 Tout en moi trahissait mon trouble : mon ⁵ embarrassé,
¹ voix tremblante , ² regards mal assurés.

18 Quiconque ² les étrangers très-haut a le désir secret
d'abaisser ses compatriotes.

19 Pendant cette horrible traversée, toutes les voiles du
navire furent déchirées et les ¹ brisés et rompus.

20 Après avoir traversé une partie de l'Allemagne, le ⁴ se
jette dans le Rhin au-dessous de Mayence.

21 On joue fort peu au ³ aujourd'hui.

22 Qu'importent les ² que l'on trouve au banquet de la
vie, s'ils satisfont l'appétit.

23 Je sais a sou , ³ et denier ce que ce banquier possède.

24 L'ignorance et l'opiniâtreté se tiennent par la ⁴.

25 La mort m'a tout ravi : ² enfants , ¹ femme et ³ meilleurs amis.

Homonymes.

1 MAÎTRE, *s. m.* possesseur; chef; professeur.
  MESTRE, *s. m.* — de camp, officier de cavalerie.
  MÈTRE, *s. m.* mesure; pied de vers.
  METTRE, *v.* poser, placer.

2 MAL, *s. m.* douleur, peine, dommage, maladie.
  MALLE, *s. f.* coffre.
  MÂLE, *adj.* de sexe masculin; fort noble.

3 MANDE (je, il), du v. mander, faire savoir, faire venir.
  MENDE, *n. pr.* d'une ville de France.

4 MAN, île de la mer d'Irlande.
  MANS (le), ville de France.
  MENS (je, tu), du v. mentir; il *ment.*

5 MÂNES, *s. m. pl.* âme des morts; dieux infernaux.
  MANE, *s. f.* mesure de Hongrie.
  MANNE, *s. f.* panier; nourriture céleste.

6 MARC, *s. m.* reste de fruits pressés ou bouillis; poids.
  MARE, *s. f.* petit amas d'eau.
  MARS, *s. m.* 3ᵉ mois de l'année; dieu de la guerre.

7 MARCHAND, *s. m.* qui vend; *adj.* destiné à la vente.
  MARCHANT, *part. pr.* du v. marcher.

Phrases.

1 La fortune, en nous prodiguant ses biens, y laisse un germe [2] qui les altère.

2 Agir sans avoir réfléchi, c'est se [1] en voyage sans avoir fait de préparatifs.

3 Dieu fit tomber la [5] dont les Hébreux se nourrirent en traversant le désert.

4 La maison que j'ai achetée est entourée de [6] infectes que je voudrais dessécher.

5 Il y des esprits [7] qui méprisent tout ce qui n'a pas l'intérêt pour but.

6 Un apprenti, comme un écolier docile, écoute son¹, profite de ses leçons, et devient¹ à son tour.

7 Les anciens faisaient de nombreux sacrifices pour apaiser les⁵ de ceux qui avaient été privés de sépulture.

8 Il n'est pas de⁷ qui toujours gagne.

9 Ce que tu fais aux autres, bien ou², tu dois l'attendre d'eux.

10 Ne⁴ jamais, et rappelle-toi qu'un menteur est toujours victime de ses mensonges.

11 Nous n'avons pas hérité des² vertus de nos pères.

12 C'était les¹ de camp qui, dans les carrousels, remplissaient les fonctions de¹ de cérémonies.

13 Il y a du sens à se¹ quelquefois au-dessus des coutumes.

14 Quelque long voyage que vous fassiez, n'emportez avec vous qu'une² légère.

15 L'île de⁴ a de riches carrières de marbre.

16 Sous les rois de la seconde race, les riches abbés assistaient aux assemblées du champ de⁶ comme chefs militaires.

17 Les paysans se servent du⁶, du raisin pour faire de la boisson.

18 Le printemps commence au mois de⁶ le jour de l'équinoxe.

19 L'homme en⁷ toujours voit l'horizon se reculer ou s'agrandir.

20 Plus la² d'un voyageur est légère, plus son voyage est facile et rapide.

21 Le miracle de la⁵ se renouvellera le jour où la terre ne fournira pas assez pour les besoins de ses habitants.

Homonymes.

1 MARI. *s. m.* époux.
MARIE, *n. pr.* de femme.
MARRI, *adj.* fâché, repentant.

2 MARTYR, *s. m.* celui qui souffre pour la religion.
MARTYRE, *s. m.* souffrance, supplice.

3 MASTIC, *s. m.* gomme, colle, ciment.
MASTIQUE (je, il), du *v.* mastiquer, coller avec du mast.

4 MATIN, *s. m.* la première partie du jour.
MÂTIN, *s. m.* gros chien de basse-cour.

5 MAUX, *s. m. pl.* de mal.
MEAUX, *n. pr.* d'une ville de France.
MOT, *s. m.* parole.

6 MENTON, *s. m.* devant de la mâchoire inférieure.
MENTONS (nous), du *v.* mentir.

7 MER, *s. f.* grande étendue d'eau salée.
MÈRE, *s. f.* celle qui a donné la vie.
MAIRE, *s. m.* magistrat.

8 MESSE, *s. f.* office divin.
METZ, *n. pr.* d'une ville de France.

9 MŒURS, *s. f.* habitudes bonnes ou mauvaises.
MEURS (je, tu), du *v.* mourir, et il *meurt.*

Phrases.

1 La délicatesse dans le choix des[5] caractérise les personnes de bonne compagnie.

2 Un grand roi n'est ni [1] ni père; il est roi.

3 La langue du cœur n'a pas besoin de[5] pour être comprise; c'est dans les yeux qu'elle est écrite.

4 La terre est la[7] commune de tous les hommes.

5 Pauline, femme de Sénèque, voulut mourir avec son [1]; mais Néron la força de vivre.

6 L'aurore aux doigts de rose ouvre les portes du [1].

7 L'Église a attaché des honneurs à l'opprobre et aux souffrances du [2].

8 L'évêque de [5] a créé une langue que lui seul a parlée.

9 Un [7] est le premier magistrat d'une commune.

10 On dit trois [3] le jour de Noel.

11 Pauvre fleur, dans un même jour, tu nais, t'épanouis, et [9]

12 Que vos [9] ne donnent de vous qu'une bonne opinion.

13 Il est impossible de traduire un poëte [5] pour [5]. La religion compte autant de [2] que de héros.

14 On donne le nom de [4] aux gros chiens des basses-cours.

15 Dans les revolutions, il y a des hommes qui se font bourreaux pour n'être pas [2].

16. L'amitié est une heureuse rencontre, et non un bonheur commun, dans nos [9].

17 Les sépultures héréditaires dans les églises furent défendues en 845, par le concile de [5].

18 La ville de [8] a donné naissance au maréchal Fabert.

19 Les lapidaires pour assujettir les pierres qu'ils veulent tailler se servent de [3].

20 La [7] est l'image des grandes âmes; quelque agitées qu'elles paraissent, le fond est toujours calme.

21 C'est sur une liste de candidats présentée par les électeurs que le roi choisit les [7] et les adjoints.

22 On ne peut être trop [1] ni se montrer trop repentant de ses fautes.

23 Les [5] de la patrie consolent de la mort.

24 On ouvrait autrefois la session des deux chambres par une [8] du Saint-Esprit.

5

Homonymes.

1 Mi, *s. m.* note de musique ; partic. inv. moitié.
Mie, *s. f.* la partie molle du pain ; amie ; *ma mie.*
Mis, *partic. passé* du v. mettre.
Mit (il), *passé déf.* du même verbe. ,

2 Milliard, *s. m.* mille millions.
Milliare, *s. m.* millième partie de l'are.

3 Mil, *s. m.* millet, graine.
Mil, *adj.* millième dans la supputation des années.
Mille, *adj. numér.* invariable.
Mille, *s. m.* mesure de chemin ; le tiers de la lieue.

4 Mire, *s. f.* bouton de canon qui sert à viser ; but.
Mire (il), du v. mirer ; *pl.* ils mirent.
Mirent (ils), du v. mettre.
Myrrhe, *s. f.* parfum, sorte d'encens.

5 Moi, *pr. de la* 1re *pers. sing.* des deux genres.
Mois, *s. m.* la douzième partie de l'année.

6 Moka, ville d'Arabie.
Moqua (il se), du v. se moquer.

7 Mon, *adj. possessif.*
Mont, *s. m.* montagne.

8 Moral, *adj.* qui concerne les mœurs, l'âme.
Morale, *s. f.* étude philosophique des mœurs.

Phrases.

1 La [8] divine fixe les devoirs de l'homme envers Dieu ; la [8] humaine, ses devoirs envers ses semblables et lui-même.

2 La vie est comme un [7] de sable qu'il faut ennuyeusement aplanir grain à grain.

3 Le [3] est une plante dont les feuilles sont semblables à celles du roseau.

4 Lycurgue [1] la loi sur le trône, et les magistrats aux genoux de la loi.

5 La marque d'un petit génie, c'est d'avoir toujours[5] affaires.

6 Les mages apportèrent à Jésus de l'or, de l'encens et de la [4].

7 Contre tant d'ennemis, que vous reste-t-il ? [5]; [5], dis-je, et c'est assez.

8 [5] fait un grand commerce d'encens, de [4], de nacre de perle, et surtout de café.

9 On fait ordinairement par les chemins de fer, en Angleterre, dix [3] par heure.

10 Il est un âge où l'on ne voudrait pas manger la [1] de son pain, et un âge où l'on ne peut plus manger la croûte.

11 C'est en [3] six cent soixante-quatorze que Louis le Grand conquit la Franche-Comté.

12 Ce petit garçon et sa petite sœur se [4] dans leurs yeux.

13 Les plus grands biens dont la société jouisse aujourd'hui lui coûtent des [2] de victimes.

14 Pour l'égoïste tout se résume dans ce mot : [5].

15 La ville de [6] est l'entrepôt du commerce de la fertile province de l'Yémen.

16 Ce qu'on [1] en réserve pendant les jours heureux, se trouve avec plaisir dans un temps d'infortune.

17 Des douze [5] de l'année, il n'est pas un [5] que le travail ne puisse rendre agréable et court.

18 Trois cents Français [4] souvent en déroute [3] ennemis.

19 Je préfère à ceux qui prêchent la [8] ceux qui en donnent l'exemple.

20 Boileau se [6] toute la vie des mauvais poètes et des écrivains ennuyeux.

21 Personne n'aime à servir de point de [4] aux mauvaises plaisanteries d'un sot.

22 Après la [1]-mai les chaleurs arrivent; après la [1]-août elles décroissent.

Homonymes.

1 Mort, *s. f.* cess. de la vie; *adj.* qui a cessé de vivre.
   Maur (Saint-), *n. pr.* d'un village près de Paris.
   Maure ou More, nom d'un peuple d'Afrique.
   Mors, *s. f.* frein qu'on met aux chevaux.
   Mord (il), du v. mordre.

2 Mou, *adj.* qui n'est pas dur.
   Moue, *s. f.* grimace faite par mécontentement.
   Moût, *s. m.* vin doux et nouveau.
   Moud (il), du v. moudre.

3 Moulin, *s. m.* machine qui sert à moudre.
   Moulins, *nom pr.* d'une ville de France.

4 Mouron, *s. m.* plante qu'on donne aux oiseaux.
   Mourons (nous), du v. mourir.

5 Mû, *part. passé* du v. mouvoir.
   Mut (il), *passé déf.* du v. mouvoir.
   Mue, *s. f.* maladie des oiseaux.
   Muent (ils), du v. muer.

6 Mur, *s. m.* muraille.
   Mûr, *adj.* qui est parvenu à maturité.
   Mûre, *s. f.* fruit du mûrier.
   Mures (tu), du v. murer.

Phrases.

1 C'est ordinairement en automne que [5] les oiseaux.

2 Les [4] blanches sont aussi agréables au goût que les [6] rouges.

3 Il faut prendre garde que le [1] ne blesse un cheval.

4 Chaque [3] ne [2] pas une égale quantité de grain.

5 Il y a sur le canal de Saint-[1] une promenade d'où la vue s'étend fort loin.

6 On apprend la [1] pour la première fois quand elle tombe sur ce qu'on aime.

7 Les[1] dans leurs peintures ne souffraient point de personnages ; ils ne voulaient que des arabesques.

8 Nous[4] à toute heure sans nous en apercevoir.

9 Les Grecs sont restés dix ans devant les[6] de Troie.

10 Le[2] est aussi nuisible à la santé qu'agréable au goût.

11 Que d'hommes robustes, en apparence, sont[2] et efféminés.

12 Un cœur noble n'est jamais[5] par de petites passions ni des intérêts misérables.

13 N'appelez un homme grand qu'après sa[1].

14 J'aime la jolie petite[2] que fait un enfant.

15 Les serins et les chardonnerets aiment beaucoup le[4].

16 Les buttes de Montmartre sont couvertes de[3].

17 Tout chien qui aboie ne[1] pas.

18 Il y a des hommes entre lesquels la nature semble avoir élevé un[6] d'airain.

19 La[1] ne surprend pas le sage ; il est toujours prêt à partir.

20 Les maréchaux de Villars et de Berwick sont nés à[3].

21 Il est inutile d'essayer à retenir un cheval qui a pris le[1] aux dents.

22 On dit que les[6] de Pékin ont quarante pieds de hauteur sur vingt d'épaisseur.

23 Les hommes sont très-souvent[5] par deux principes très-opposés, l'intérêt et la vanité.

24 Il y a des gens qui font perpétuellement ou la[2] ou la grimace.

25 Il est des chrétiens qui ont le cœur plus noir que les[1] n'ont le visage.

26 Lutter contre l'opinion c'est combattre des[3] à vent.

Homonymes.

1 Musc, *s. m.* sorte d'animal; parfum.
Musque (je, il), du v. musquer.

N

2 Nard, *s. m.* parfum.
Narre (il), du v. narrer.

3 Né, *partic. passé* du v. naître.
Nez, *s. m.* partie saillante du visage.

4 Ne, *négation.*
Noeud, *s. m.* lien.

5 Négligent, *adj.* insouciant.
Négligeant, *partic. pr.* du v. négliger.

6 Net et nette, *adj.* propre.
Nèthe, *s. f.* nom de rivières.

7 Ni, *conj. négative.*
Nid, *s. m.* logement des oiseaux.
Nie (je, il), du v. nier.

8 Noie (je, il), *v.* noyer.
Noix, *s. f.* fruit.

9 Nom, *s. m.* mot qui désigne une personne ou une chose.
Non, *adv. de négation.*

Phrases.

1 Il y a des princes qui sont [9] pour le bonheur, et d'autres qui sont [3] pour le malheur des peuples.

2 On lit toujours avec plaisir l'historien qui [2] agréablement.

3 Les parfumeurs et les distillateurs faisaient, autrefois, un bien plus grand usage de [1] qu'aujourd'hui.

4 On s'accuse volontiers d'être [5] et paresseux, parce que ces sortes de défauts [4] flétrissent pas la réputation.

5 Il est imprudent de porter un jugement sans avoir une connaissance [6] des choses.

6 Les anciens tiraient de la Syrie le [2], celui de tous les parfums qu'ils estimaient le plus.

7 Il n'y a point de métier si pénible que de se faire un grand [9].

8 L'estime resserre et rend indissolubles les [4] de l'amitié.

9 Les suites des actions des hommes [4] sauraient [7] les rendre innocentes [7] les rendre coupables.

10 Il y a un goût dans la simple amitié que [4] peuvent atteindre [7] connaître ceux qui sont [3] médiocres.

11 Les gens qui se [3] se prennent à tout ce qu'ils trouvent.

12 L'homme est un vil atome qui croit, doute, rampe, s'élève, tombe et [7] sa chute.

13 Les oiseaux construisent leurs [7] avec un art, une adresse admirable.

14 L'homme est [3] pour commander au reste des animaux.

15 Pour n'être pas dupe des hommes, ne vous en rapportez ni au [9], ni à l'habit.

16 L'animal qui porte le [1] est une espèce de chevreuil qui habite les forêts du Thibet.

17 L'athée [7] Dieu, même en sa présence.

18 La patrie est chère à tout homme bien [3].

19 Nous donnons aujourd'hui le [9] de [2] à une espèce de lavande très-odoriférante.

⸸ 20 La grande [6] et la petite [6], après s'être réunies et avoir reçu la Dyle, prennent le nom de Rupel.

21 La colombe ne place pas son [7] près de l'aire de l'aigle.

22 Quel bras as-tu vaincu ? — Je n'en redoute aucun.

Ton [9] ? — Je n'en ai pas, mais tu vas m'en faire un.

Homonymes.

1 None, *s. f.* partie de l'office catholique.
Nones, *s. f. pl.* nom de certains jours des Romains.
Nonne, *s. f.* religieuse.

2 Notaire, *s. m.* officier public qui passe les contrats.
Notèrent (ils), *v.* remarquer, faire une observation.

3 Notre, *adj. poss.* des deux genres.
Nôtre (le), *pron. poss.*

4 Nourrice, *s. f.* celle qui nourrit.
Nourrisse (que je), du *v.* nourrir.

5 Noue (je, il), du *v.* nouer.
Nous, *pr. pers. pl.* des deux genres.

6 Noyé, *part. passé* du *v.* noyer; et substantif.
Noyer, *s. m.* arbre qui produit les noix.

7 Noyon, *nom. pr.* d'une ville de France.
Noyons (nous), du *v.* noyer.

8 Nu, *adj.* qui n'est point vêtu; *inv.* devant les subst.
Nue, *s. f.* nuée, nuage.

9 Nuit, *s. f.* obscurité, ténèbres.
Nuits, *nom pr.* de ville.
Nui, *part. passé* du *v.* nuire.

Phrases.

1 C'est en signe d'honneur et de respect qu'on donnait autrefois aux religieuses, le nom de [1] : ce nom correspondait à celui de *Pères*, qu'on donnait aux religieux.

2 L'avenir des enfants est dans les mains de leurs [4].

3 Le malheur trouble pour [5] toutes les harmonies.

4 Une mère berce [3] enfance ; une épouse charme [3] vie et console [3] vieillesse.

5 Les courtisans vont [8]-tête et les mendiants vont [8]-pieds.

6 Les Romains donnaient le nom de [1] au cinquième jour de certains mois et au septième jour des autres.

7 Un acte passé devant [2] est moins sujet à contestation qu'un autre.

8 Quelque grande que devienne la population, il faudra toujours que la terre [4] tous ses habitants.

9 Les amitiés, aujourd'hui, se [5] aussi facilement qu'elles se dénouent.

10 En France, le [6] vient, pour ainsi dire, sans culture.

11 Que la [9] paraît longue à la douleur qui veille !

12 Un rayon de soleil perça la [8] et nous fit sortir de la [9] profonde où nous étions plongés.

13 Sans [5] occuper si les autres s'acquittent ou non de leur devoir, remplissons le [3] avec exactitude.

14 Saint Louis porta la couronne d'épines [8]-pieds, [8]-tête, depuis le bois de Vincennes jusqu'à Notre-Dame.

15 De tous les vins de [9], celui de clos Vougeot est le plus renommé.

16 Le lendemain des calendes, celui des [1] et des ides étaient regardés par les Romains comme des jours malheureux.

17 Le célèbre Calvin avait été d'abord chanoine de [7].

18 Autrefois les [4] demeuraient toute leur vie dans la maison de leurs élèves.

19 Il n'y a pas à Paris d'étude de [2] qui vaille moins de deux cent mille francs.

20 Il est impossible qu'un méchant ait [9] aux autres sans s'être [9] à lui-même.

21 Si [5] ne pensons qu'à [5], les autres ne se croiront pas tenus d'y penser.

22 On dit que les pommes et que les poires se [5] quand elles passent de l'état de fleur à l'état de fruit.

23 Il est difficile de reconnaître un [6] quand il a passé plusieurs jou's sous l'eau.

5.

Homonymes.

O

1 OCCIDENT, *s. m.* couchant ; point où le sol. se couche.
OXYDANT, *part. pr.* d'oxyder ; charger d'oxygène.

2 OING, *s. m.* graisse de porc.
OINT, *adj.* et *s. m.* consacré.
OUEN (Saint-), nom d'un saint et d'un village.

3 OMBRE, *s. f.* obscurité, apparence ; âme sép. du corps.
HOMBRE, *s. m.* sorte de jeu de carte.

4 ON, *pronom indéfini* des deux genres.
ONT (ils), du v. avoir.
HON, *interj.* qui exprime la mauvaise humeur.

5 ONGLÉ, *adj.* armé d'ongles.
ONGLÉE, *s. f.* engourdissement du bout des doigts.
ONGLET, *s. m.* ter. de reliure, d'imp. et de menuiserie.

6 OR, *s. m.* métal.
OR, *conjonction.*
HORS, *prép.* et *adv.* excepté, au delà.
AURE, *nom pr.*

7 ORION, *s. m.* constellation méridionale.
HORION, *s. m.* coup sur la tête ou sur le visage.

Phrases.

1 Les lumières sont venues de l'Orient; mais c'est à l' [1] qu'un jour le monde devra la civilisation.

2 Les lauriers sont des plantes infructueuses qui ne donnent tout au plus que de l' [3].

3 On peut résister à tout, [6] à la bienveillance.

4 Quelques fautes qu'ils aient commises, les hommes [4] toujours des excuses toutes prêtes.

5 L' [5] est un engourdissement douloureux au bout des doigts, occasionné par le froid.

6 On fait usage d' ² pour graisser les roues des voitures,

7 Ni l' ⁶, ni la grandeur ne nous rendent heureux.

8 L'envie est l' ³ de la gloire.

9 Dans la bagarre, il a reçu un vigoureux ⁷ sur la tête.

10 Ne doutez point que votre charité envers les ² du Seigneur ne soit une de vos œuvres les plus glorieuses.

11 Tout homme est inconstant, ⁶ un ami est un homme.

12 Après la bataille de Pavie, François Iᵉʳ crut que tout, ⁶ l'honneur, était perdu.

13 On donne le nom d' ⁷ à une des constellations de l'hémisphère méridional.

14 Il y a, dans le département du Gers, une vallée charmante, arrosée par la petite rivière du Nest; c'est la vallée d' ⁶.

15 L'air, en ¹ le fer, le rouille et le ronge peu à peu.

16 Le jeu d' ³ a été inventé par les Espagnols, au quatorzième siècle.

17 J'approuve qu' ⁴ ne dise pas tout ce qu' ⁴ pense, mais je n'approuve pas qu' ⁴ ne pense pas tout ce qu' ⁴ dit.

18 Dans les angles d'un cadre les ⁵ doivent se trouver d'équerre.

19 Pour que les essieux ne crient pas, il faut les enduire de vieux ².

20 Il n'est point de salut ⁶ de l'Église.

21 Le sage est heureux; ⁶ Socrate fut sage, donc il fut heureux.

22 Quand ⁴ a su bien vivre, ⁴ a toujours assez vécu.

23 Jésus-Christ est appelé par excellence l' ² du Seigneur.

24 La tranquillité qu'exige l' ³ décèle le flegme et la gravité de la nation dont il tire son origine.

Homonymes.

1 OSIER, *s. m.* arbuste flexible.
 OSIEZ (vous), du v. oser.

2 OSTIE, *n. pr.* d'une ville d'Italie.
 HOSTIE, *s. f.* victime; pain consacré.

3 OU, *conjonction.*
 OÙ, *adv. de lieu.*
 HOUE, *s. f.* sorte de bêche.
 HOUX, *s. m.* arbre toujours vert et armé de pointes.
 AOÛT, *s. m.* moisson; 8ᵉ mois de l'année.

4 OUBLI, *s. m.* manque de souvenir.
 OUBLIE, *s. f.* pâtisserie très-légère.
 OUBLIE (j', il), du v. oublier.

5 OUI, *adv. d'affirmation.*
 OUÏ, *part.* du v. ouïr, entendre.
 OUÏE, *s. f.* le sens qui reçoit les sons.

6 OURS, *s. m.* animal féroce.
 OURSE, *s. f.* femelle de l'ours; constellation.

Phrases.

1 C'est une égale folie de gémir [3] de rire d'un malheur inévitable.

2 Il n'est pas d'arbrisseau en France plus flexible ni plus souple que l' [1].

3 Achève ton ouvrage, père barbare, cette seconde [2] est digne de ta rage.

4 L'éducation qui est parvenue à faire danser des [6] peut venir à bout de tout.

5 Le [3] commun est cultivé comme haie vive.

6 La ville d' [2] fut fondée par Ancus Marcius.

7 La gloire n'est jamais [3] la vertu n'est pas.

8 Comme la moisson se fait ordinairement au mois d' [5], on donne souvent le nom d' [2] à la moisson elle-même.

9 L'âne a l' [5] très-fine ; c'est pour cela que les poëtes ont donné des oreilles d'âne au roi Midas, qui était instruit de tout ce qui se passait dans ses États.

10 La grande [6] et la petite [6] sont deux constellations septentrionales.

11 L'amitié finit [3] commence la défiance.

12 On ne trouve les [6] blancs que dans les mers qui avoisinent les pôles.

13 Le mois d' [3] a été fécond en grands événements.

14 Les anciens Hébreux offraient souvent au Seigneur des [2] vivantes ; mais toutes ces [2] n'étaient pas immolées.

15 Les fruits du [3] sont des baies d'un très-beau rouge.

16 Le tribunal ayant [5] les conclusions du procureur du roi, toutes favorables à l'accusé, le renvoya de la plainte.

17 La pierre de touche de la vraie grandeur, c'est l' [4] de soi-même.

18 C'est avec une [3] qu'on laboure le plus ordinairement les arbres.

19 L'étoile polaire se trouve à l'extrémité de la grande [6].

20 Si vous [1] braver l'opinion, vous ne craindriez pas tant le ridicule.

21 [3] vous ne m'aimez pas, [3] vous me suivrez partout [3] j'irai.

22 Si l'égoïste ne s' [4] jamais, tôt ou tard le monde l' [4].

23 Il y a une foule d'hommes qui ploient comme l' [1].

24 Quelque utile que soit l' [5], la vue est plus utile encore.

25 La ville d' [2] se trouve près de l'embouchure du Tibre.

26 Il est des hommes aussi peu sociables que les [6].

27 L' [4] d'un bienfait est un crime.

28 Le premier du mois d' [3] est le point intermédiaire entre le solstice et l'équinoxe.

Homonymes.

P

1 PADOU , *s. m.* ruban de fil.
PADOUE, *nom pr.* d'une ville d'Italie.

2 PAIE , *s. f.* action de payer, solde.
PAIE (je, il), du v. payer.
PAIX , *s. f.* tranquillité, accord entre deux peuples.
PAÎT (il), 3ᵉ pers. sing. ind. du v. paitre.

3 PAL , *s. m.* pieu aiguisé par un bout.
PÂLE, *adj.* blême, de couleur qui tire sur le blanc.
PALE, *s. f.* plat de la rame ; carton qui couvre le calice.

4 PAIN , *s. m.* aliment.
PEINT (il) , 3ᵉ pers. sing. ind. du v. peindre.
PIN , *s. m.* arbre d'où l'on tire la résine.

5 PAIR , *s. m.* et *adj.* égal, semblable.
PAIR , *s. m.* noble ; membre de la chambre haute.
PAIRE, *s. f.* couple ; deux choses de même espèce.
PÈRE , *s. m.* qui a un enfant ; docteur.
PERD (il) , 3ᵉ pers. sing. ind. du v. perdre.
PERS , *adj.* couleur entre le vert et le bleu.

Phrases.

1 On a donné le nom de [1] à un ruban qu'on faisait venir autrefois de [1].

2 Les hommes sont comme les malades et les enfants, il ne faut leur donner le [4] de la vérité que par petites bouchées.

3 Le Français [2] gaiement, s'il peut chanter de même.

4 La femme qui échange la modestie contre l'assurance, [5] la moitié de ses charmes.

5 Dieu est le [5] commun de tous les hommes.

6 Le [3] est en Turquie l'instrument de supplice.

7 Homère appelle très-souvent Minerve la déesse aux yeux [5].

8 L'espérance est le [4] des malheureux.

9 L'imagination [4] tout sous de fausses couleurs.

10 La [2] est aussi nécessaire a l'âme que le sommeil l'est au corps.

11 S'il sort beaucoup d'argent de la bourse du sage, il ne s'en [5] point.

12 Les deux chambres, celle des [5] et celle des députés, commencent et achèvent leur session à peu près en même temps.

13 Lorsque le flambeau de l'intelligence brûle trop rapidement dès l'enfance, il ne jette plus qu'une lueur [3] sur le reste de la vie.

14 On se [4] aussi mal ses malheurs que ceux des autres.

15 La Russie et la Norwége possèdent de très-belles forêts de [4].

16 Il y a à [1], belle ville située près de la Brenta, des églises et des édifices d'une grande magnificence.

17 On donna primitivement le titre de [5] à tous les gentilshommes, parce qu'ils étaient [5] entre eux.

18 Il n'y a pas plus de deux siècles qu'on se sert de [4] à cacheter pour sceller les lettres.

19 Dans cette province, ce sont les plus belles [5] de bœufs qu'on attèle aux charrues.

20 Le [4] est un arbre résineux qui est toujours vert.

21 Il ne faut pas, quand on a rendu un service, ressembler aux mercenaires qui attendent leur [2].

22 On ne trouve plus de berger jouant du chalumeau pendant que son troupeau [2] l'herbe fleurie.

23 Celui qui [5] le [4] qu'il pourrait distribuer aux malheureux commet une action coupable.

Homonymes.

1 PALAIS, *s. m.* édifice ; partie supérieure de la bouche.
PALÈS , *nom pr.* dieu des bergers.
PALET , *s. m.* pierre plate et ronde.

2 PAN , *s. m.* d'un mur ; d'un habit ; dieu des forêts.
PAON , *s. m.* oiseau.
PEND (il) , du v. pendre.

3 PANNEAU , *s. m.* partie d'un lambris ; piége.
PAONNEAU , *s. m.* le petit d'un paon.

4 PANSER , *v..* soigner un animal ; une plaie.
PENSER , *v.* réfléchir à une chose.
PENSÉE , *s. f.* réflexion ; fleur.

5 PÂQUE , *s. f.* fête annuelle des Juifs.
PÂQUES , *s.f.pl.* fête chez les catholiques; communion.

6 PAR , *préposition.*
PART , *s. f.* partie.
PART (il) , du v. partir.
PARE (il) , du v. parer.

7 PARANT , *part. pr.* du v. parer.
- PARENT , *s. m.* allié par le sang.

8 PARC , *s. m.* grande étendue de bois entourée de murs.
PARQUE , *s. f.* divinité des enfers.
PARQUE (je, il) du v. parquer.

Phrases.

1 Le sort fait les 7, le choix fait les amis.

2 Avant de 4 à lui, un cavalier à l'habitude de 4 son cheval.

3 ² était une des divinités qui présidaient aux forêts.

4 Les affligés reçoivent quelque soulagement lorsqu'on prend 6 a leurs afflictions.

5 Nous voyons toujours promptement la besace qui ² sur le dos de celui qui nous précède.

6 Les [1] seraient bien déserts s'ils n'étaient peuplés que d'amis.

7 On proscrirait moins de [4] si on les concevait comme les ont conçues leurs auteurs.

8 Tous les ans, les Juifs font la [5] en mémoire de leur sortie d'Égypte.

9 Persée tua Acrise, son aïeul, d'un coup de [1].

10 Un [7] est un ami donné par la nature.

11 Le [2] est le symbole de l'orgueil et de la sotte vanité.

12 Le jour de [5] l'Église catholique déploie toutes ses pompes.

13 Bon vieillard, puisse [1] vous procurer toujours un doux repos et de frais ombrages.

14 Les trois [8] étaient les divinités infernales qui présidaient à la destinée des mortels.

15 La marchandise qu'on [6] n'est pas toujours la meilleure.

16 Lorsqu'il pleuvait, les Romains se couvraient la tête d'un des [2] de leurs robes.

17 Il y a des hommes si simples qu'ils donnent dans tous les [3] qu'on leur tend.

18 Lorsqu'on [6] d'une erreur, on n'arrive jamais à la vérité.

19 Les peuples ne sont plus des esclaves qu'on [8] comme de vils troupeaux.

20 L'homme juge le cœur [6] les paroles, et Dieu juge les paroles [6] le cœur.

21 J'ai vu dans le [8] trois [3] qui couraient auprès de leur mère.

22 Une noble [4] pour l'ordinaire ne [6] que d'un noble cœur.

23 On donne au dimanche des Rameaux le nom de [5] fleuries.

Homonymes.

1 Parce que , *conjonction.*
   Par ce que (en trois mots), *par la chose que.*

2 Paresse, *s. f.* fainéantise ; et v. paresser.
   Paraisse (que je, qu'il), du v. paraître.

3 Pari, *s. m.* gageure.
   Paris, *s. f.* capitale de la France.
   Parie (je, il), 3ᵉ pers. du v. parier, gager.
   Pâris, *nom pr.* le fils de Priam.

4 Parquer verbe infin. pr. mettre dans un parc.
   Parquet, *s. m.* lieu où siégent les juges ; bois assemblés.

5 Parti, *s. m.* union , résolution.
   Partie, *s. f.* portion, jeu, plaideurs.
   Partit (il) , du v. partir.

6 Pâte, *s. f.* farine détrempée et pétrie ; complexion.
   Patte, *s. f.* pied des animaux.

7 Pater, oraison dominicale ; graine d'un chapelet.
   Patère, *s. f.* vase , ornement pour susp. et draper.

8 Pâtis, *s. m.* lande en friche.
   Pâtit (il), du v. pâtir ; *je pâtis, tu pâtis.*
   Pâti , *part. passé m.* du v. pâtir.

Phrases.

1 Ceux qui ne savent pas tirer [5] des autres hommes, sont ordinairement peu accessibles.

2 L'enfance est heureuse [1] elle voltige sans cesse dans l'étroit sentier du présent.

3 Quelque soin qu'on prenne de couvrir ses passions par des apparences d'honneur, elles [2] toujours sous ces légers voiles.

4 On représente la santé sous la figure d'une femme ayant un serpent attaché à son bras gauche, et qui tient de la main droite une [7] qu'elle lui présente.

5 Travaillez, et ¹ vous ferez, je jugerai ce que vous êtes capable de faire.

6 Que d'hommes ne sont d'un ⁵ que ¹ leurs ennemis sont de l'autre.

7 La ² est l'apprentissage du vice.

8 ³ attira sur sa famille, sur Troie et sur lui-même, les plus grands malheurs dont l'histoire nous ait transmis le souvenir.

9 Quand on a fait un ³ insensé, il vaut mieux se rétracter que de le tenir.

10 Toujours le peuple ⁸ des sottises des grands.

11 Les ignorants sont des gens de bonne ⁶, que tous les charlatans exploitent les uns après les autres.

12 L'Oraison Dominicale a été appelée ⁷, du mot par lequel elle commence.

13 On ne connaissait pas encore, au seizième siècle, les ⁴; et l'on ne recouvrait pas, comme aujourd'hui, les planchers d'un assemblage de bois.

14 Les ⁶ de presque tous les animaux sont garnies de griffes plus ou moins aiguës.

15 On peut arriver, avec du soin, à faire d'un ³ un excellent pâturage.

16 On peut mieux juger un homme ¹ 'il fait que ¹ 'il dit.

17 Celui qui passe dans la ² la première ⁵ de sa vie, ne peut s'attendre à se reposer dans sa vieillesse.

18 Il faut ⁴ les huîtres pour les engraisser et les rendre vertes.

19 Le ⁵ le plus honnête est toujours le ⁵ le plus sage.

20 Les enfants digèrent facilement les ⁶ les plus lourdes; tandis que les ⁶ les plus légères pèsent à l'estomac des vieillards.

21   En tout temps,
    Les petits ont ⁸ des sottises des grands.

Homonymes.

1 Paul, *nom pr.* d'homme.
Paule, ville d'Italie.
Pôle, *s. m.* extrémité de l'axe du monde.

2 Paume, *s. f.* le dedans de la main ; jeu.
Pomme, *s. f.* fruit du pommier.

3 Pause, *s. f.* suspension, temps de silence.
Pause (je, il), du v. pauser, appuyer en chantant.
Pose, *s. f.* action ou manière de poser.
Pose (je, il), du v. poser, placer, fixer.

4 Paieront (ils), 3ᵉ pers. du v. payer.
Perron, *s. m.* escalier extérieur.

5 Péché, *s. m.* faute.
Pécher, *v.* transgresser la loi divine.
Pêcher, *v.* prendre du poisson.
Pêcher, *s. m.* arbre à fruits.

6 Peinte, *part. passé* du v. peindre.
Pinte, *s. f.* ancienne mesure.

7 Pèle (il), 3ᵉ pers. sing. ind. du v. peler.
Pelle, *s. f.* instrument large et plat à long manche.

8 Peine, *s. f.* douleur, affliction, châtiment.
Pêne, *s. m.* lame d'une serrure.
Penne, *s. f.* grosse plume d'un oiseau de proie.

Phrases.

1 Les peuples d'Achim sont si fiers, qu'ils se croiraient déshonorés s'ils portaient eux-mêmes deux ⁶ de riz.

2 Nous sommes heureux lorsque nos ⁸ tournent en habitude.

3 Louis XI fit venir de la Calabre l'ermite François de ¹.

4 Pendant les noces de Thétys et de Pélée, la Discorde jeta sur la table une ² d'or qui portait pour inscription : A la plus belle.

5 Est-ce un [5] de sourire en voyant l'orgueil humilié et la méchanceté punie.

6 Le [5] est l'arbre qui produit, sous ce climat, les fruits les plus savoureux.

7 Ceux qui habitent près des [1] ont alternativement six mois de jour de suite et six mois de nuit.

8 Les serrures de sûreté sont presque toutes à triple [6].

9 Quand on [3] sur les syllabes plus ou moins qu'il ne faut, on prononce d'une manière vicieuse.

10 On ne peut que difficilement arranger son feu sans [7] ni pincettes.

11 Les sauvages vendent près des chutes du Niagara, des [5] de toutes sortes d'oiseaux de proie.

12 L'empereur de Russie, [1] Premier, fut étranglé dans son lit le 12 mars 1801.

13 Que votre âme et vos mœurs [6] dans vos ouvrages,
   N'offrent jamais de vous que de nobles images.

14 La vraie philosophie [3] les limites entre le pouvoir légitime et la tyrannie.

15 Les Romains aimaient mieux [5] que chasser; et ils ne croyaient pas faire un bon repas s'ils n'avaient pas de poisson.

16 Le jeu de [1] a été appelé ainsi parce qu'on y jouait avec la [2] de la main avant de faire usage de raquettes.

17 Tous les murs de Montreuil sont couverts de [5] en espalier.

18 La [5] est une ancienne mesure qui variait selon les lieux; la [6] de Paris contenait quarante-huit pouces cubes.

19 En musique, des [3] habilement ménagées peuvent produire un très-grand effet.

20 Les hommes de plaisir ne sont le plus souvent que des hommes de [5].

Homonymes.

1 PERCE (je, il) , 3ᵉ pers. du v. percer.
PERSE, nom d'une contrée d'Asie; *s. f.* toile de ce nom.

2 PERÇANT, *part. pr.* du v. percer.
PERSAN , *subst.* et *adj.* de Perse.

3 PEU , *adverbe* de quantité.
PEUX (tu), 2ᵉ pers. du v. pouvoir.
PEUT (il), 3ᵉ pers. du même verbe.

4 PIC , *s. m.* pioche de fer courbée; roch⸱⸱ en pointe.
PIQUE , *s. f.* espèce de lance; brouillerie.
PIQUE , *s. m.* une des coul. noires du jeu de cartes
PIQUE (je, il), du v. piquer.

5 PIE , *s. f.* oiseau de plumage blanc et noir.
PIS , *adv.* plus mal.
PIS , *s. m.* le pis d'une vache.

6 PIEU , *s. m.* morceau de bois long et pointu.
PIEUX , *adj.* qui a de la piété.

7 PINÇON , *s. m.* marque faite à la peau.
PINÇONS (nous), 1ʳᵉ pers. pl. ind. du v. pincer.
PINSON , *s. m.* petit oiseau.

8 PIPEAU , *s. m.* flûte champêtre.
PIPOT , *s. m.* tonneau pour le miel.

Phrases.

1 On [3] se faire dévot par des pratiques; mais on n'est [6] que par le cœur.

2 C'est un homme rare que celui qui ne peut faire [5] que de se tromper.

3 On ne fait jamais ni tout ce qu'on [3], ni tout ce qu'on veut.

4 Louis XI abolit en France l'usage de l'arc, et fit prendre à ses soldats les hallebardes, les [4] et les larges épées dont se servaient les Suisses.

5 Tôt ou tard, la vérité [1] les voiles épais dont on a vainement essayé de la couvrir.

6 Il faut attendre un [3] de temps pour juger les bonnes actions.

7 Un gémissement, un cri poussé par un innocent [1] le
ciel et parvient jusqu'à Dieu.

8 Un malheur continuel [4] et offense; on hait d'être ainsi
houspillé par la fortune.

9 L'homme personnel est nécessairement ennuyé, et qui [1]
est nécessairement ennuyeux.

10 En faisant tous les jours un [3], on finit par faire beaucoup.

11 Ne remets pas à demain la bonne action que tu [3] faire
aujourd'hui.

12 Les mineurs avaient vainement essayé de fendre le rocher à coups de [4].

13 La prospérité fait [3] de véritables amis.

14 La [1] tout entière fut conquise par Alexandre le
Grand.

15 Les [5] apprennent très-promptement à imiter le langage
de l'homme.

16 Il n'y a personne au monde de plus tolérant qu'un
homme sincèrement [6].

17 Le chant du [7] est vif et léger.

18 Tous les bergers dansaient et chantaient autrefois au
son du [8].

19 Ismael Sofi fonda la troisième monarchie des [2], qui com-
prenait tout le pays entre l'Euphrate et l'Indus.

20 Ce petit enfant s'est fait à la main un [7] qui lui cause de
vives souffrances.

21 On expédie le miel dans des [8], tonneaux de grande dimension.

22 La violence [3] donner la possession, jamais la propriété.

Homonymes.

1 PITON, *s. m.* sorte de clou à tête percée.
PYTHON, *s. m.* serpent fabuleux.

2 PIQUÉ, *part. passé* du v. piquer.
PIQUAIT (il), 3ᵉ pers. sing. imp. du v. piquer.
PIQUET, *s. m.* petit pieu ; jeu de cartes.

3 PLACET, *s. m.* pétition, demande écrite.
PLACER, *v.* inf. pr., poser.
PLACÉ, *part. passé* du v. placer.

4 PLAID, *s. m.* plaidoirie ; manteau écossais.
PLAIE, *s. f.* blessure, cicatrice, fléau.
PLAÎT (il), ind. du v. plaire.

5 PLAIN, *adj.* uni, plat.
PLEIN, *adj.* rempli.
PLAINT (il), ind. pr. du v. plaindre ; et *p. passé*.

6 PLAINE, *s. f.* plate campagne.
PLAINE, *adj. f.* de plain.
PLEINE, *adj. f.* de plein.

7 PLAINTE, *s. f.* gémissement, reproche ; et *part. fém.*
PLINTHE, *s. f.* plate-bande ; instr. de chirurgie.

8 PLAN, *s. m.* dessin, projet ; au figuré dessein.
PLANT, *s. m.* scion, rejeton pour planter.

Phrases.

1 Personne ne veut être [5] de ses erreurs.

2 Les mendiants vivent de leurs [4] ; il y a une foule d'hommes qui profitent même du mépris.

3 L'homme est [3] ici-bas entre le vice et la vertu.

4 On ne se [5] que des abus dont on ne profite pas.

5 Ne fais pas toi-même ce qui ne te [4] pas dans les autres.

6 Il est des événements imprévus qui déroutent les [6] les mieux concertés.

7 Un ministre ne peut répondre à tous les³ qu'on lui adresse.

8 Il n'y a pas de gens plus vides que ceux qui sont⁵ d'eux-mêmes.

9 Le rossignol chantait, et l'écho répétait ses chants ou plutôt ses⁷.

10 Les consolateurs maladroits enveniment les⁴ qu'ils croient guérir.

11 L'homme est³ libre entre le vice et la vertu.

12 L'aigle montre le soleil en face à ses nourrissons, et les lance ensuite dans les vastes⁶ de l'air.

13 Par le cœur, on⁴ plus sûrement que par l'esprit.

14 La Bauce est un pays⁵ que ne traverse aucune montagne.

15 Employer son argent à faire du bien, c'est le³ au plus haut intérêt.

16 Les jeunes⁸ d'arbres fruitiers ne produisent jamais la première année.

17 L'humidité a endommagé toutes les⁷ du rez-de-chaussée de cette maison.

18 Ce qui⁴ dans la jeunesse ne⁴ pas ordinairement dans un âge plus avancé.

19   Seule et marchant au hasard
    J'errais parmi les clans sous le⁴ montagnard.

20 Le vice est un⁸ incliné sur lequel l'homme glisse entre deux abîmes.

21 Personne ne se⁵ de soi, et chacun se⁵ de la fortune.

22 Il semble que la nature ait³ ici-bas tous les animaux pour les besoins de l'homme.

23 Les⁴ que fait la langue sont plus dangereuses que les⁴ que fait le glaive.

24 Le serpent¹ périt sous les flèches d'Apollon.

6

Homonymes.

1 PLEURS, *s. m. pl.* larmes.
PLEURE (je, il), ind. pr. du v. pleurer.

2 PLI, *s. m.* double fait à une étoffe.
PLIE, *s. f.* poisson plat de rivière.
PLIE (je, il), ind. pr. du v. plier.

3 PLISSE (je, il), ind. pr. du v. plisser.
PELISSE, *s. f.* manteau doublé d'une fourrure.

4 PLU, *part. passé* du v. plaire et du v. pleuvoir.
PLUT (il), *passé déf.* des mêmes verbes.
PLUT (qu'il), imp. de subj. des mêmes verbes.
PLUS, *adv.* de quantité.
PELU, *adj.* couvert de poil.

5 PLUMAIT (il), du v. plumer.
PLUMET, *s. m.* touffe de plumes.

6 PLUTÔT, *adv.* préférablement (en un seul mot).
PLUS TÔT, *adv.* de meilleure heure (en deux mots).

7 POÊLE, *s. f.* ustensile de cuisine.
POÊLE, *s. m.* dais; fourneau.
POIL, *s. m.* filets qui croissent sur la peau des anim.

8 POIDS, *s. m.* pesanteur, masse pour peser, import.
POIS, *s. m.* légume.
POIX, *s. f.* résine brûlée.
POUAH! *interj.* qui exprime le dégoût.

Phrases.

1 On se repent[6] et plus facilement d'une faute qu'on ne la répare.

2 [8]! Fi! Quelle odeur d'ambre et de musc vous exhalez! C'est à faire fuir vos meilleurs amis.

3 Après les débordements de la Loire, on trouve une énorme quantité de[2] dans le sable.

4 Le bon goût vient[4] du jugement que de l'esprit.

5 Il est naturel à l'homme d'admettre[6] le nouveau que le grand.

6 En général les [1] ne remédient à rien.

7 Les Russes en hiver portent des [3] doublées de fourrures très-épaisses.

8 Les tambours-majors portent tous de fort beaux [5].

9 Le peuple d'une république souffrirait [6] un vice commun qu'une vertu extraordinaire.

10 Après que le drap a été tendu, on fait revenir le [7] avec des chardons.

11 [4] la raison acquiert de perfection, [4] l'homme est moralement responsable de ses actions.

12 Témoignez votre affection par des effets [6] que par des paroles.

13 Peu importe à celui qui n'a rien à se reprocher que la mort arrive [6] ou plus tard.

14 La justice consiste à avoir même [8] et même mesure pour chacun.

15 [4] aux dieux que vous-même eussiez vu de quel zèle
Cette troupe entreprend une action si belle !

16 Il n'y a pas un [2] sur le front des pères qui ne soit un sujet de reconnaissance pour les enfants.

17 Quand on lui fait des reproches, il [1]; mais les [1] ne réparent rien.

18 Le riche est [6] possédé par les richesses qu'il ne les possède.

19 La [5] noire n'est que de la [8] résine en partie brûlée.

20 Les petits [8] sont, de tous les legumes, les seuls dont on mange toujours avec le même plaisir.

21 Il n'y a personne de [4] embarrassé que celui qui tient la queue de la [7].

22 [4] on déchire les entrailles de la terre, [4] elle est libérale.

23 Je ne hais pas les gens que la colère enflamme;
On sait mieux et [5] tout ce qu'ils ont dans l'âme.

Homonymes.

1 POINT, 3ᵉ pers. du v. poindre.
  POING, *s. m.* main fermée.
  POINT, *s. m.* couture ; signe de ponctuation ; instant.
  POINT, *adv.* de négation.

2 POISON, *s. m.* venin, suc vénéneux.
  POISSON, *s. m.* animal qui naît et vit dans l'eau.

3 POLICE, *s. f.* ordre, surveillance ; administration.
  POLICE (je, il), du v. policer.
  POLISSE (que je, qu'il), du v. polir.

4 POLISSOIR, *s. m.* outil pour polir.
  POLISSOIRE, *s. f.* décrottoire ; meule pour adoucir.

5 PONT, *s. m,* pass. sur une riv. ; étages d'un vaisseau.
  POND, 3ᵉ pers. du v. pondre.

6 PORC, *s. m.* cochon.
  PORT, *s. m.* asile pour les vaisseaux.
  PORE, *s, m.* petit ouvert. à la peau et dans les corps.

7 POSTE, *s. m.* emploi, place ; lieu occupé par des sold.
  POSTE, *s. f.* relais, distance ; bureau de lettres.
  POST, mot invar. *post-scriptum*, après l'écrit.

Phrases.

1 Le dernier [1] de la sagesse est de connaître qu'on n'en a [1].

2 La peau des animaux est percée comme un crible ; mais les [6] qui la traversent sont imperceptibles.

3 Un soldat doit, s'il le faut, savoir mourir en défendant son [7].

4 Les [4] ne peuvent donner de l'éclat qu'à des corps durs.

5 Milon de Crotone tua un énorme taureau d'un coup de [1].

6 La fameuse Locuste faisait, devant Néron, l'essai de ses [2] sur des esclaves.

7 Les couteliers repassent tous les instruments qu'ils ont aiguisés sur une⁴ fort douce.

8 Les hommes comme les choses ont leur¹ de perspective.

9 L'aigle ne¹ qu'un œuf; mais c'est un œuf d'aigle.

10 Le Havre est un des⁶ les plus commerçants de la France.

11 Charles-Quint avait l'habitude d'ajouter de longs⁷-scriptum à ses lettres.

12 Les plus grands vaisseaux de guerre n'ont que trois⁴ élevés de six pieds l'un sur l'autre.

13 Quelques lignes de chemins de fer font déjà le service de la⁷.

14 Il n'est¹ de vertu sans religion, et¹ de bonheur sans vertu.

15 Un fou d'Athènes croyait que tous les vaisseaux qui entraient dans le⁶ étaient à lui.

16 Dans ce temps, maint étourdi à qui la barbe¹ à peine au menton se croit un homme.

17 La vie du papillon est aussi rapide qu'elle est douce : il naît, se nourrit du suc des fleurs, ⁵ et expire.

18 On construit partout des ⁵ suspendus.

19 Il est impossible que la ³ soit faite de manière à prévenir tous les crimes.

20 Néron se servait tour à tour du fer, du ² et du feu.

21 De tous les animaux domestiques le⁶ est celui qu'on engraisse à moins de frais.

22 Les couteliers ont des ⁴ de différentes largeurs.

23 Les corps qui ont le plus de⁶ sont en général les plus légers.

24 Je doute qu'on ³ promptement un pays à l'aide de lois trop sévères.

Homonymes.

1 Pô, *s. m.* rivière d'Italie.
Pot, *s. m.* vase.
Peau, *s. f.* membrane, enveloppe.
Pau, ville de France.

2 Pou, *s. m.* insecte.
Pouls, *s. m.* mouvement des artères.

3 Pouce, *s. m.* le plus gros doigt; mesure.
Pousse (je, il), ind. pr. du v. pousser.
Pousse, *s. f.* petites branches; maladie des chevaux.

4 Poupard, *s. m.* grosse poupée.
Poupart, *s. m.* poisson crustacé.

5 Précédant, *part. pr.* du v. précéder.
Précédent, *adj.* qui précède; et *subst.*

6 Prémices, *s. f. pl.* les premières productions.
Prémisses, *s. f. pl.* les deux premières propositions

7 Près, *prép.* près de.
Prêt, *adj.* disposé à; *prêt à.*
Prêt, *s. m.* objet prêté.

8 Pressant, *part. prés.* du v. presser.
Pressent (il), *ind. pr.* du v. pressentir.

Phrases.

1 Toujours la tyrannie a d'heureuses [6].

2 Les hommes [7] de mourir se montrent tels qu'ils sont.

3 On [8] bien souvent un malheur, mais on ne sait pas le détourner.

4 Pour bien connaître un homme, il faut connaître tous ses [5].

5 Dans les pays chauds, les personnes les plus propres ne peuvent se garantir contre les [2].

6 Le ³ est le seul doigt qui n'ait que deux articulations.

7 Un ⁷ de terre se brise quand il se heurte contre un ¹ de fer.

8 Comme la ¹ de l'âne est très-dure et très-élastique, on en fait de gros parchemins.

9 La patience qu'on ³ à bout se change quelquefois en fureur.

10 A une grande vanité ⁷, les héros sont faits comme les autres hommes.

11 Bien souvent on est ⁷ d'agir sans être ⁷ à agir.

12 Il ne faut pas regarder comme un bienfaiteur celui qui fait un ⁷ usuraire.

13 On trouve dans le corps du ⁴ une matière qui sert à préparer la sauce avec laquelle on sert ce poisson.

14 Henri IV est né près de ¹, dans le château des rois de Navarre.

15 Par la loi de Moïse, les ⁶ qu'on offrait à Dieu appartenaient à la tribu de Lévi.

16 Quand on accorde les ⁶ comme vraies, on ne peut nier ¹a conséquence.

17 On ne ˢ pas toujours les conséquences fâcheuses d'une étourderie.

18 Le navigateur préfère la tempête qui le ³, au calme plat qui l'enchaîne.

19 L'impatiente avidité des héritiers tâte souvent le ² des vieillards.

20 On donne le nom de première ³ aux jets qui viennent au mois de mars et d'avril, et de seconde ³ à ceux qui viennent au mois d'août.

21 Les deux nourrissons de cette femme sont deux gros ⁴ frais et bien portants.

22 Si l'on nie les deux ⁶ on ne peut admettre la conséquence.

Homonymes.

1 PRÊTANT, *part. pr.* du v. prêter.
PRÉTEND (il), *ind. pr.* du v. prétendre.

2 PRÉSIDANT, *part. pr.* du v. présider.
PRÉSIDENT, *s. m.* celui qui préside.

3 PRÉTEUR, *s. m.* magistrat romain.
PRÊTEUR, *s. m.* celui qui prête.

4 PRIMA (il), du v. primer.
PRIMAT, *s. m.* archevêque supérieur.

5 PRIE (je, il), du v. prier.
PRIS, *part. passé* du v. prendre.
PRIT (il), *passé déf.* du v. prendre.
PRIX, *s. m.* valeur d'un objet; récompense.

6 PRONOSTIC, *s. m.* jugement par conjecture.
PRONOSTIQUE (je, il), du v. pronostiquer.

7 PROU, *adv.* assez, beaucoup.
PROUE, *s. f.* partie de l'avant d'un navire.

Phrases.

1 La souveraine habileté consiste à bien connaître le ⁵ des choses.

2 Celui qui ² ne jamais s'ennuyer est un sot ou un menteur.

3 L'intérêt n'est rien au ⁵ du devoir.

4 L'archevêque de Tolède est le ⁴ d'Espagne; l'archevêque de Cantorbéry le ⁴ d'Angleterre.

5 Le ciel écoute toujours les vœux de celui qui ⁵ et qui pleure.

6 On regarde certains événements sans importance, comme d'heureux ou de malheureux ⁶ de ceux qui doivent suivre.

7 Spurius Furius fut le premier ³ romain.

8 C'est à la [7] du vaisseau que sont placés les instruments propres aux observations.

9 Il est rare de trouver un [3] désintéressé.

10 L'intérêt est le [2] de presque tous les conseils.

11 Il y a une foule de [3] qui vendent leur argent au poids de l'or.

12 Les passions, [2] presque toujours au choix que nous avons à faire d'un plan de conduite, exercent leur injuste pouvoir.

13 La froideur du maître ne [6] rien de bon à l'ambitieux courtisan.

14 Jamais, aux États-Unis, le [2] n'est élu sans que les différents partis en viennent aux mains.

15 Bossuet [4] entre tous les célèbres orateurs qui illustrèrent la chaire, sous le règne de Louis XIV.

16 Dieu n'exige pas qu'on le [5] sans cesse ; il veut aussi qu'on travaille.

17 Les magistrats connus sous le nom de [3] étaient peu honorés à Athènes ; tandis que les [3] jouissaient à Rome d'une grande considération.

18 Madame de Sévigné écrivait à sa fille : Il faut que je reçoive de vos nouvelles peu ou [7].

19 Les politiques se trompent souvent dans leurs [5].

20 Un méchant ne peut sentir de quel [5] est l'amitie d'un honnête homme.

21 Celui qui [1] avoir raison contre tous est un fou.

22 Pour connaître la longueur d'un vaisseau il faut le mesurer de la poupe à la [7].

23 Il y a des gens qui contredisent toujours ; il semble que pour eux ce soit un parti [5].

24 On profite toujours, en [1] une oreille attentive aux discours d'un homme sensé.

6.

Homonymes.

1 Provin, s. m. rejeton d'un cep de vigne.
Provint (il), passé déf. du v. provenir.
Provins, nom pr. de ville.

2 Province, s. f. partie d'un État.
Provinsse (que je), subj. imp. du v. provenir.

3 Pu, part. passé du v. pouvoir.
Pus (je), pass. déf. du v. pouvoir.
Pue (je, il), du v. puer.
Pus, s. m. matière corrompue.

4 Puce, s. f. petit insecte.
Pusse (que je), du v. pouvoir.

5 Puis, adv. ensuite.
Puis (je), du v. pouvoir.
Puits, s. m. trou profond d'où l'on tire de l'eau.
Puy (Le), ville de France; montagne; Le Puy-de-Dôme.

6 Pyrique, adj. feu, artifice.
Pyrrhique, s. f. danse militaire.

Phrases.

1 Beaucoup de souverains ont ruiné leurs États pour les accroître d'une ².

2 Quiconque a fait ce qu'il a ³ est à l'abri des reproches.

3 Pour amuser Jupiter enfant, les Curètes inventèrent la danse à laquelle on a donné le nom de ⁶.

4 On appelle ³ la matiere corrompue qui se forme dans les abcès.

5 Pour tuer les ⁴ qui les tourmentent, certains hommes s'arment de la foudre de Jupiter.

6 La vérité est encore, aujourd'hui, au fond de son ⁵.

7 Les pics les plus élevés des monts d'Auvergne, sont le ⁵ de Dôme, le Cantal et le mont d'Or.

8 C'est aux Ruggieri, artificiers bolonais, qu'est due l'invention des spectacles [5].

9 Il y a des gens qui [3] à force de sentir bon.

10 Ce qu'on a [3] une fois n'est pas toujours possible.

11 La raison [1] en tout temps de l'alliance d'un esprit juste et d'un jugement sain.

12 On fore des [5] artésiens d'où l'on espère voir jaillir de l'eau chaude.

13 Jamais les [1] ne rapportent la première année.

14 Dans l'été un grand nombre de [5] tarissent.

15 Les animaux à long poil sont couverts de [4] pendant tout le temps des chaleurs.

16 Après la gymnopédie, la [6] était la danse favorite des Lacédémoniens.

17 Le chirurgien a fait sortir tout le [3] contenu dans l'abcès.

18 On donnait le nom de [2]-Unies aux sept [2] qui composaient la république de Hollande.

19 Il n'est point de fête populaire sans spectacle [6].

20 Tous les [1] ne viennent pas également bien.

21 Je ne [5] louer que ce que je trouve louable, et je ne [5] blâmer que ce qui me semble blâmable.

22 La disgrâce [1] rarement, à la cour, d'un excès de franchise.

23 La fortune a souri à mes efforts, et je [5] enfin me reposer. Je ne pensais pas que je [4] sitôt jouir de ce repos après lequel j'ai tant soupiré.

24 Les [1] sont des rejetons qu'on a couchés et mis en terre pour qu'ils prennent racine.

25 Le département du [5] de Dôme renferme un très-grand nombre de curiosités naturelles.

26 Dieu créa le monde, [5] se reposa dans la contemplation de son œuvre.

Homonymes.

Q

1 QUARTAUT, *s. m.* quart de muid.
CARTAUX, *s. m. pl.* cartes marines.

2 QUEL, *adj. déterm.*; fém. *quelle.*
KEHL, *nom pr.* d'une forteresse.

3 QUELQUE, *adj.* devant un subst. sing. et un adj.
QUELQUES, modifiant un subst. pl.
QUEL QUE, dev. un v. et modif. un subst. m. s.
QUELLE QUE, dev. un v. et modif. un subst. f. s.
QUELS QUE, dev. un v. et modif. un subst. m. pl.
QUELLES QUE, dev. un v. et modif. un subst. f. pl.

4 QUELQUEFOIS, *adv.* (en un mot), de fois à autre.
QUELQUES FOIS, plusieurs fois (en deux mots).

5 QUOI, *pronom relatif.*
COI, *adj.* tranquille, paisible, immobile.
COA, *s. m.* plante.
COUA, *s. m.* coucou d'Afrique.

6 QUOIQUE, *conj.* (en un mot), bien que.
QUOI QUE, quelle que soit la chose que (en 2 mots).

Phrases.

1 [3] grands avantages que la nature donne, ce n'est pas elle seule, mais la vertu avec elle, qui fait le héros.

2 Il faut obéir aux lois d'un pays, [3] elles soient, et [3] ridicules qu'elles nous paraissent.

3 [6] l'ambition soit un vice, elle est [4] la cause de plusieurs vertus.

4 Il ne faut pas regarder [2] bien nous a fait un ami, mais [2] désir il a, et [2] joie il aurait de nous en faire.

5 Il a en réserve un [1] de vin vieux pour les amis.

6 Les vices les plus détestables sont toujours accompagnés de [3] germes de vertus.

7 [6] vous fassiez, vous ne pourrez plaire à tout le monde.

8 [3] soit la gloire des grands sur la terre, elle a toujours à craindre l'envie qui cherche à l'obscurcir.

9 Moitié du pont de [2] appartient à la France et moitié au grand-duc de Bade.

10 Pendant que l'émeute courait les rues, il est resté [5] et impassible.

11 Socrate dédaigna de se justifier, [6] 'il fût innocent du crime dont on l'accusait.

12 Le chant du [5] diffère peu de celui du coucou.

13 Personne n'ignore [2] fut l'esprit et [2] fut la simplicité de la Fontaine.

14 Jamais, [6] vous puissiez faire, vous n'obtiendrez la confiance de certains hommes.

15 Cet officier possède des [1] précieux pour un marin.

16 Les maraudeurs sont revenus au camp en roulant plusieurs [1] de vin et d'eau-de-vie.

17 [6] possède un avare, il ne dira jamais : C'est assez.

18 [3] reproches qu'on lui fasse, il reste toujours [5] et impassible.

19 La fortune, [3] soient notre sagesse et notre prudence, se joue souvent de nos projets.

20 Les Français se sont emparés de la forteresse de [2] par un coup de main.

21 Les hommes pardonnent [4] à ceux qui les haissent, jamais à ceux qui les méprisent.

22 [3] soient les priviléges des grands, de [3] honneurs qu'ils soient environnés, ils sont exposés à toutes les vicissitudes humaines.

23 Les [4] que je l'ai rencontré dans le monde m'ont laissé d'agréables souvenirs.

Homonymes.

R

1 RACE, *s. f.* lignée ; ceux d'une même famille.
   RASSE, *s. f.* grande corbeille.

2 RAIE, *s. f.* poisson.
   RAIS, *s. m.* rayon de roue.
   RETS, *s. m.* filet.
   RÉ, *n. pr.* île de ce nom.
   REZ, *prép.* contre, voisin de.

3 RAINETTE, *s. f.* petite grenouille.
   REINETTE OU RAINETTE, *s. f.* sorte de pomme.

4 RAIPONCE, *s. f.* espèce de racine ; salade.
   RÉPONSE, *s. f.* ce qu'on répond.

5 RAISONNER, *v.* réfléchir ; discourir.
   RÉSONNER, *v.* retentir, répercuter les sons.

6 RANG, *s. m.* place, ordre, file.
   REND (il), *ind. pr.* du v. rendre.

7 RAPPEL, *s. m.* action de rappeler.
   RAPPELLE (je, il), *ind. pr.* du v. rappeler.

Phrases.

1 Il vaut mieux, dit Iphicrate, être le premier que le dernier noble de sa[1].

2 A la pêche des perles, chaque pêcheur porte un grand[2] en forme de sac, suspendu à son cou.

3 Les grands haïssent la vérité, parce qu'elle les[6] haïssables.

4 C'est toujours au milieu des mers que les[2] se tiennent ; jamais elles ne s'approchent des terres.

5 Les grands parleurs sont comme les tonneaux vides qui[5] plus que les pleins.

6 Les[4] qu'on mange en salade au printemps sont pleines d'un suc laiteux qui les rend fort agréables au goût.

7 A sotte demande point de [4].

8 Accoutumez l'enfant à [5] juste en tout ; le vice comme le crime est un faux calcul.

9 Ce n'est point l'importance des choses qui nous les [6] précieuses, c'est le besoin que nous en avons.

10 La [3] vit ordinairement sur les arbres.

11 Les pierres qui tombent dans un gouffre [5] longtemps avant de se perdre.

12 Les pommes de [3] sont, dit-on, appelées ainsi, parce qu'elles sont tachetées comme la raine.

13 L'intérêt particulier ne doit plus [5] quand l'intérêt public conclut contre lui.

14 On doit plaindre les hommes d'un [6] inférieur au lieu de les mépriser.

15 Il est prudent de descendre d'une voiture dont les roues sont endommagées et privées d'une partie de leurs [2].

16 Un magistrat [7] des arrêts et ne [7] pas de services.

17 On se sert quelquefois de ' pour emballer des marchandises.

18 Pendant l'hiver, il est peu de [2]-de-chaussée qu'on puisse habiter sans compromettre sa santé.

19 L'île de [7] fait un très-grand commerce d'anisette.

20 Les jours de grande revue, on bat le [7] de très-bonne heure dans tous les quartiers.

21 Sans être de noble ', on peut aujourd'hui parvenir à un haut [6] dans l'État.

22 On trouve dans l'été un grand nombre de [3] dans les herbes touffues.

23 Un noble cœur se [7] en tout temps avec plaisir les bienfaits qu'il a reçus.

Homonymes.

1 RAS, *adj.* plat, uni, dont le poil est coupé.
RAT, *s. m.* petit animal.

2 RECORS, *s. m.* garde au service d'un huissier.
RECORD, *s. m.* mémoire, mention.

3 RECUL, *s. m.* mouvement du canon en arrière.
RECULE (je, il), *ind. pr.* du v. reculer.

4 REFLUX, *s. m.* mouvement de la mer en arrière.
REFLUE (il), *ind. pr.* du v. refluer.

5 RÉGAL, *s. m.* festin, grand repas.
RÉGALE, *s. f.* droit royal; *s. m.* un des jeux de l'orgue.
RÉGALE, *adj. f. eau régale.*
RÉGALE (je, il), du v. régaler.

6 REIN, *s. m.* viscère.
REINS, *s. m. pl.* le bas de l'épine dorsale.
RHIN (le), *n. pr.* de fleuve.

7 RELIE (je, il), du v. relier.
RELIT (il), du v. relire.

8 REINE, *s. f.* femme d'un roi.
RÊNE, *s. f.* courroie, guide.
RAINE, *s. f.* espèce de grenouille.
RENNE, *s. m.* quadrupède, espèce de cerf du Nord.
RENNES, *nom pr.* de ville.

Phrases.

1 La flatterie n'est un [5] que pour les sots.

2 L'opinion est la [5] du monde.

3 Grâce à l'agilité des [8], les Lapons font sur la glace jusqu'à trente lieues par jour.

4 Autrefois, les revenus des bénéfices vacants revenaient au roi par le droit de [5].

5 La Fontaine est, de tous les écrivains, celui qu'on lit, et qu'on [7] le plus souvent.

6 Dans le Midi, on croit, quand les[8] crient le soir, que c'est un signe de beau temps pour le lendemain.

7 Mieux vaut vivre obscur que de tenir en main les[8] de l'État.

8 L'imagination a toujours les[6] plus forts que celui qu'elle fait agir.

9 Les chiens a long poil exigent plus de soin que ceux dont le poil est[1].

10 Un avocat a toujours soin de demander aux juges[2] d'un aveu échappé à sa partie adverse.

11 Le[6], après un cours de deux cents lieues, se perd dans les sables de Katwitck, près de Leyde.

12 Un homme habile[3] quelquefois pour avancer plus vite.

13 Les canons de gros calibre ont, au moment de la décharge, un[3] considérable.

14 L'eau[5] est un acide qui dissout l'or et même la platine.

15 On peut lire une fois un ouvrage ennuyeux, mais on ne le[7] pas.

16 Tous les créanciers ont mis une troupe de[2] à la poursuite de leur débiteur.

17 Aujourd'hui, on[7] avec plus de goût qu'autrefois.

18 Christine nous a prouvé qu'une[8] peut descendre du trône avec plaisir.

19 Le droit de[5] excita des débats fréquents entre les rois et les papes.

20 Sa main sur ses chevaux laissait flotter les[8].

21 Le monde roule depuis quatre mille ans au milieu du flux et du[4] des mêmes événements.

Homonymes.

1 REMORDS , *s. m.* reproche de la conscience.
REMORD (il) , *ind. pr.* du v. remordre.
REMORS, *s. m.* plante.

2 REMPART , *s. m.* muraille épaisse ; levée de terre.
REMPARE (je, il), *ind. pr.* du v. remparer, fortifier.

3 RENVOI , *s. m.* action de renvoyer.
RENVOIE (je, il) , *ind. pr.* du v. renvoyer.

4 RÉPONDS (je , tu), *ind. pr.* du v. répondre.
RÉPONS , *s. m. pl.* sorte de chant d'église.

5 RÉSIDANT , *part. pr.* du v. résider.
RÉSIDENT, *s. m.* envoyé près d'une cour étrangère.

6 RÉSINÉ , *s. m.* matière inflammable.
RAISINÉ , *s. m.* confiture faite de raisin.

7 RÉVEIL , *s. m.* cessation de sommeil.
RÉVEILLE (je , il) , *ind. pr.* du v. réveiller.

8 RÉVÉRANT , *part. pr.* du v. révérer.
RÉVÉREND , *adj.* titre d'honneur donné aux religieux.

9 RHOMBE , *s. m.* losange.
ROMBE , *s. m.* coquillage.
RUMB , *s. m.* aire de vent; terme de marine.

Phrases.

1 On donne le nom de[9] à chacune des trente-deux parties de la boussole de l'horizon, desquelles part l'un des trente-deux vents.

2 La vie est un songe et la mort est un[7].

3 Les envoyés des princes n'ont pas tous la qualité d'ambassadeurs ; il y en a qui ne sont que des[5].

4 L'enfer ou l'échafaud est nécessaire pour ceux qui n'ont pas de[1].

5 De sages lois et un bon gouvernement sont le plus sûr[2] d'un État.

6 C₁est en⁵ dans leurs diocèses que les évêques peuvent seulement s'acquitter de leurs devoirs.

7 On donnait le nom de⁸ à tous les dignitaires d'une congrégation religieuse.

8 Le losange est un⁹ dont les quatre côtés sont égaux.

9 On fait aujourd'hui moins de confitures de⁶ qu'autrefois.

10 Certains dictionnaires ont adopté une méthode de⁵ fort incommode ; souvent on est forcé de chercher deux ou trois mots, auxquels ils ³, avant de trouver celui dont on a besoin.

11 Après avoir rêvé la vie des amis qu'on a perdus, on se⁷ dans le supplice de leur mort.

12 On donne le nom de⁹ à un coquillage fort élégant.

13 Il est important que les chantres sachent par cœur les versets et les ⁴.

14 Les États - Unis n'envoient en Europe que de simples ⁵.

15 Paris sera prochainement entouré d'une double ligne de ².

16 Un coupable n'échappe pas longtemps à ses ¹.

17 Le⁶ est une matière onctueuse qui suinte de la surface des végétaux.

18 Malheur à celui qui³, sans l'avoir assisté, le malheureux qui l'implore.

19 Un poisson ne ⁴ pas deux fois au même hameçon.

20 Si tu⁴ de ton ami, il faut que tu n'en sois pas moins sûr que de toi-même.

21 Le souvenir ⁷ de moment en moment les ¹ dans le cœur des criminels.

Homonymes.

1 Ri, *p. passé* du v. rire.
  Ris, *s. m.* le *rire.*
  Ris, *s. m.* glandes de la gorge du veau.
  Ris, *s.m.* t· de marine, renfort en toile sur les voiles.
  Rit (il), *ind.* du v. rire, et je *ris,* tu *ris;* impér. *ris.*
  Riz, *s. m.* sorte de graine.

2 Rince (je, il), *ind. pr.* du v. rincer.
  Reims, ville de France.

3 Rob, *s. m.* suc épaissi d'un végétal; médicament.
  Robe, *s. f.* vêtement.

4 Roc, *s. m.* rocher, roche.
  Roch, *nom pr.* saint Roch.
  Roque (je, il), du v. roquer; terme du jeu d'échecs.
  Rauque, *adj.* rude, enroué.

5 Roi, *s. m.* chef d'un État; souverain d'un royaume.
  Roye, *nom pr.* de ville.

6 Roman, *s. m.* récit fictif.
  Romand, *nom pr.* d'un canton.
  Romans, *nom pr.* d'une ville de France.

7 Rome, *nom pr.* d'une ville d'Italie.
  Rhum ou rum, liqueur; esprit tiré du sucre.

Phrases.

1 Aie pitié des hommes et ne' pas tout haut des humaines sottises.

2 Il faut rire avant que d'être heureux, de peur de mourir avant d'avoir '.

3 Rien ne déplaît plus dans un acteur qu'une voix[4] et des manières communes.

4 Les peuples orientaux mangent presque toujours leurs viandes au '.

5 Depuis le douzième siècle, ' a été le lieu où s'est fait le couronnement des[5].

6   Tel qui[1] vendredi, dimanche pleurera.

7 Les défauts percent à travers les haillons de la misère, mais les fourrures et les[3] de soie cachent les plus grands vices.

8 Les[6] sont fait pour les peuples et non les peuples pour les[5].

9 Corneille a fait[7] plus grande dans ses vers qu'elle ne l'a jamais été en réalité.

10 Les premiers[6] furent composés en France, au moyen âge, par les Provençaux.

11 Du haut du[4] où l'avait jeté le destin, Napoléon semblait encore dominer le monde.

12 Dans les colonies, le[7] et le tafia sont d'un usage continuel.

13 La ville de[2] a vu naître le plus beau jour du règne de presque tous nos rois.

14 On donne le nom de[3] au suc dépuré d'un fruit qu'on a fait épaissir jusqu'à la consistance du miel.

15 Après un dîner, tous les convives se[2] aujourd'hui la bouche de compagnie.

16 On ne peut cultiver le[1] que dans les pays chauds.

17 Les[1] de veau sont un mets fort délicat.

18 La paroisse de Saint-[4] est la plus peuplée et la plus riche de Paris.

19 On consomme en France beaucoup moins de[7] que d'eau-de-vie.

20 Quand on[4], c'est presque toujours pour se garantir contre un échec.

21 La bourrasque a été si violente que le vent a déchiré tous les[1].

22 De toutes les villes du monde, ' est celle qui offre le plus grand nombre de beaux monuments.

Homonymes.

1 ROND , *adj.* en cercle ; franc.
  ROND , *s. m.* circonférence.
  ROMPS (je, tu) , du v. rompre, et il *rompt.*

2 ROUANT , *part. pr.* du v. rouer.
  ROUEN , *nom pr.* de ville.

3 ROUE , *s. f.* machine qui tourne sur son essieu.
  ROUX , *adj.* de couleur entre le jaune et le rouge.

4 ROUAIT (il) , *imp.* du v. rouer.
  ROUÉ , *part. passé* du même verbe.
  ROUET , *s. m.* machine pour filer.

5 RUBICON , *nom pr.* d'une rivière d'Italie.
  RUBICOND , *adj.* rouge.

S

6 SABA , *nom pr.* de contrée , de ville et d'île.
  SABBAT , dern. jour de la semaine juive ; grand bruit.

7 SAIGNÉE , *s. f.* action de tirer du sang ; rigole.
  SAIGNEZ (vous) , 2ᵉ pers. du v. saigner.
  CEIGNEZ (vous) , 2ᵉ pers. du v. ceindre.

Phrases.

1 Chez les Juif, il n'est pas permis de travailler les jours de [6].

2 Les honneurs et les richesses sont les deux [3] qui font mouvoir le monde.

3 Avant de franchir le [5], César parut hésiter un moment.

4 Les hommes francs et [1] en affaires inspirent toujours une grande confiance à ceux avec lesquels ils traitent.

5 C'est à [2] que sont nés les deux Corneille.

6 Beaucoup d'Anglais ont les cheveux d'un [3] ardent.

7 Celui qui¹ la paix pour tout autre motif que la paix même ne suit pas la route de l'équité.

8 A la campagne, les vieilles femmes n'ont que leurs ⁴ pour distraction.

9 Il a un visage ⁵ et brillant de santé.

10 Le royaume de⁶, voisin de la mer Rouge, produit beaucoup de myrrhe.

11 Puisque les vœux du peuple vous appellent sur le trône, ⁷ le diadème et suppliez les dieux de vous rendre digne du rang où vous allez monter.

12 En s'accrochant à la³ de la fortune, on court souvent le risque d'en être écrasé.

13 J'aime mieux un homme tout ¹ qu'un homme fadement cérémonieux.

14 Il est des gens désœuvrés qui passeraient leur journée à jeter des pierres dans l'eau pour faire des¹.

15 Autrefois, on⁴ les criminels condamnés à la peine capitale.

16 On a fait des⁷ profondes dans ce champ pour entretenir la fraîcheur.

17 Un visage ⁵ n'est pas toujours l'indice d'une santé forte et robuste.

18 Quel horrible ⁶ ont fait les chats pendant toute la nuit !

19 Vous qui vous⁷ d'un cilice, croyez-vous que la mortification et la pénitence suffisent pour effacer vos fautes ?

20 On ne¹ pas facilement les amitiés que l'estime a formées.

21 Les⁷ pratiquées à propos préviennent souvent de graves maladies.

22 En traversant certains villages, on n'entend que le bruit des⁴ et les chants des fileuses.

23 Lyon, Bordeaux et ² sont après Paris les villes les plus commerçantes de France.

Homonymes.

1 SAIN, *adj.* salubre, en bon état.
SAINT, *adj.* consacré ; pur.
SEIN, *s. m.* milieu, centre ; mamelles.
SEING, *s. m.* signature.
SIN, *nom pr.* de ville.
CEINS (je, tu), du v. ceindre.
CEINT, *part passé* du v. ceindre.
CINQ, *adj. de nombre.*

2 SAINE, *adj. f.* de sain.
SCÈNE, *s. f.* partie du théâtre occupée par les acteurs.
SEINE (la), *nom pr.* de rivière ; *s. f.* filet de pêcheur.
CÈNE, *s. f.* dernier repas de J. C. avec ses apôtres.

3 SALE, *adj.* dégoûtant, malpropre.
SALE (je, il), *ind. pr.* du v. saler.
SALLE, *s. f.* partie la plus grande d'une habitation.

4 SANDAL, *s. m.* bois des Indes.
SANDALE, *s. f.* chaussure.
CENDALE, *s. f,* étoffe pour les bannières.

5 SALUT, *s. m.* conservation ; félicité éternelle.
SALUE (je, il), *ind. pr.* du v. saluer.

Phrases.

1 Un des plus beaux tableaux de Paul Véronèse est celui qui représente la ² de Jésus-Christ.

2 La bienfaisance peut, au¹ des plus grands malheurs, nous faire reprendre goût à la vie.

3 Tout acte fait sous¹ privé doit être fait double.

4 Le ⁴ est un bois des Indes rouge et odorant.

5 On trouve quelques hommes ¹ dont le caractère est efficace pour la persuasion.

6 Rendez son⁵ à qui vous⁵ ; souriez à qui vous sourit.

7 Les rayons de la lune dessinaient sur les gazons et sur les murs des³ la dentelle d'une architecture aérienne.

8 La vie de l'avare est une triste comédie ; on n'applaudit que la ² qui la termine.

9 Les abus se multiplient au ¹ du désordre comme les insectes au ¹ de la corruption.

10 Les fruits crus sont beaucoup moins ¹ que les fruits cuits.

11 On appelle 4 les pantoufles que mettent les prélats et le pape quand ils officient.

12 Un ordre religieux a pris le nom de cordeliers, parce que tous les frères avaient le corps ¹ d'une corde.

13 On ³ ordinairement les viandes et les poissons qu'on veut conserver.

14 Tel a été à vingt ans prodigue jusqu'à la folie qui se montre à soixante d'une avarice sordide et ³.

15 Paris tout entier est traversé par la ².

16 Il ne faut confier de blanc ¹ à personne, pas même à un ami.

17 Tous les moines espagnols portent des ⁴.

18 L'homme est ici-bas l'artisan de son ⁵ ou de sa damnation éternelle.

19 Quel homme ¹ de corps ne se croit pas ¹ d'esprit.

20 Le Havre, un des plus beaux ports de France est situé à l'embouchure de la ².

21 Il y a au Palais-de-Justice une ³ immense qu'on appelle la ³ des Pas-Perdus.

22 Corneille a réformé toutes les ² : la ² tragique et la ¹ comique, et même la ² lyrique.

23 Si je ¹ jamais la couronne, je veux faire de la royauté le plus ¹ des devoirs.

24 Il est peu de rues de Paris qui ne soient en hiver ³ et boueuses.

25 La France est arrosée par ¹ grands fleuves.

7

Homonymes.

1 SANTÉ, *s. f.* état normal du corps.
SENTEZ (vous), *ind. pr.* du v. sentir.

2 SATIRE, *s. f.* pièce de vers, censure.
SATYRE, *s. m.* demi-dieu des païens.

3 SAUMUR, *nom pr.* de ville.
SAUMURE, *s. f.* liquide salé.

4 SAUR, *adj.* séché et salé.
SAURE, *adj.* jaune-brun; il ne se dit que des chevaux.
SORT, *s. m.* destin.
SORS (je, tu), *ind. pr.* du v. sortir; et il *sort.*

5 SAUT, *s. m.* action de sauter.
SCEAU, *s. m.* grand cachet.
SCEAUX, *nom pr.* d'un village près de Paris.
SEAU, *s. m.* vaisseau propre à contenir de l'eau.
SOT, *adj.* dépourvu de jugement et d'esprit.

6 SÉANT, *s. m.* posture d'une personne assise.
SÉANT, *adj.* convenable; *part.* qui siége ou réside.
CÉANS, *adv.* en ce lieu, ici.

Phrases.

1 La nature a mis dans tous ses ouvrages le [5] de l'É-
ternel.

2 Le but de la [2] est de corriger les hommes en rendant le
vice ridicule.

3 [2], demi-dieu des païens, était une des divinités qui présidaient aux forêts.

4 L'ambitieux ne peut s'élever si haut que les coups du [4]
ne le puissent atteindre.

5 Les [5] parlent beaucoup du passé, les sages du présent
et les fous de l'avenir.

6 L'abandon dans la vieillesse est le [4] de l'égoïste.

7 Au premier aboi du lévrier, le loup, prévoyant le danger, 4 de son liteau.

8 Le garde des 5 est en France le chef et le ministre de la justice.

9 Le travail a pour cortége l'appétit, la ', le calme et le sommeil.

10 Il y a beaucoup de gens auxquels la 3 est désagréable.

11 On tient en réserve pour les incendies des 5 très-légers dont l'intérieur est garni de cuir.

12 Les premières années décident du 4 des autres.

13 Il y a à 3 une école de cavalerie d'où il sort d'excellents officiers.

14 On donne le nom de harengs 4 aux harengs salés et à demi séchés.

15 Il n'est pas 6 à un jeune homme d'interrompre un vieillard.

16 Gilbert a composé une 2 qui a immortalisé son nom.

17 Un 5 trouve toujours un plus 5 qui l'admire.

18 Si vous 1 que vous avez besoin de l'indulgence des autres, méritez-la par votre modestie.

19 Tout le monde ici-bas est mécontent de son 4 et nul n'est mécontent de son esprit.

20 Je 4 de 6 pour n'y rentrer jamais.

21 Il a acheté quatre chevaux 4 tout à fait pareils ; aucun signe particulier ne les distingue.

22 On se sert pour rafraîchir le vin de 5 de porcelaine ou de 5 de tôle vernie fort élégants.

23 Ce malade ne peut se tenir sur son 6, et souffre même quand il est couché.

24 Deux choses doivent nous occuper principalement : la vertu et la '.

25 Comment se porte-t-on 6 ?

Homonymes.

1 SCEL, *s. m.* sceau, empreinte.
SCELLE (je, il), du v. sceller, mettre un sceau ; fixer.
SEL, *s. m.* substance acide.
SELLE, *s. f.* siége qu'on met sur des chevaux.
SELLE (je, il), *ind. pr.* du v. seller.
CÈLE (je, il), *ind. pr.* du v. céler, cacher.
CELLE, *pron. f.* de celui.

2 SELLERIE, *s. f.* lieu où l'on serre les selles.
CÉLERI, *s. m.* herbe potagère.

3 SELLIER, *s. m.* fabricant de selles et de voitures.
CELLIER, *s. m.* espèce de caveau pour le vin.

4 SENSÉ, *adj* prudent, plein de jugement.
CENSÉ, *adj.* présumé, réputé.

5 SEREIN, *adj.* pur, calme, doux.
SERIN, *s. m.* oiseau des Canaries.

6 SERMENT, *s. m.* promesse, affirmation ; jurement.
SERREMENT, *s. m.* action de serrer ; état du cœur.

7 SESSION, *s. f.* durée des séances d'une assemblée.
CESSION, *s. f.* abandon, transport.

8 SCIEUR, *s. m.* ouvrier qui scie.
SIEUR, *s. m.* diminutif de monsieur.

Phrases.

1 Pour récompenser leurs grands vassaux, les rois leur faisaient ⁷ d'une portion de leur domaine.

2 En traversant seul la nuit une forêt épaisse et profonde, on éprouve un ⁶ de cœur, dont il est difficile de se défendre.

3 La ⁷ des deux chambres a été plus longue cette année que de coutume.

4 Les Lapons conservent leurs poissons, non dans le ¹, mais dans la glace.

5 L'homme ⁴ ne se glorifie pas même de sa gloire.

6 Une action utile est bonne pour celui qui la fait, tandis que ' qui est honnête est bonne absolument.

7 Un front ⁵ n'est pas toujours l'indice d'une âme pure.

8 Le ² est rafraîchissant de quelque façon qu'il soit accommodé.

9 Un chien ayant mordu son maître sans le reconnaître, se cacha au fond d'un ³ et y mourut de douleur.

10 La raillerie est un ' qui rend la conversation moins fade.

11 Dans le monde on est ⁴ un homme de bien quand on s'acquitte des devoirs faciles que la société impose.

12 Il faut un habile écuyer pour monter un cheval sans mors, sans bride et sans '.

13 Il est difficile à un ⁸ de scier plusieurs cordes de bois dans sa journée.

14 Tous les ⁵ qu'on a en France ne sont pas originaires des Canaries ; les ⁵ verts sont venus de Provence.

15 Violer les ⁶ que l'on a prêtés, c'est délier des ⁶ que l'on a reçus.

16 La récolte a été si abondante, que ni les ³, ni les caves ne peuvent contenir le vin qu'on a fait.

17 Il suffit d'un ⁶ de main pour faire comprendre à un homme quelle amitié on a pour lui.

18 En parlant du petit sceau, on disait autrefois ' et contre-ˣ.

19 On donne le nom de ³ à un ouvrier qui fait non-seulement des ' et des harnais, mais toute espèce de voitures.

20 Le ⁸ de Mauléon a fait en mourant un legs considérable aux hôpitaux.

21 Je ' avec plus de soin les secrets des autres que je ne ' les miens.

22 C'est le roi qui fixe l'ouverture de la ⁷ des chambres.

23 Quelquefois les papes ' en plomb ; et plusieurs princes ' en or et en argent.

Homonymes.

1 Si , *conj. ; s. m.* note de musique.
   Scie, *s. m.* instrument pour scier.
   Sis , *part. pass.* du v. seoir, situé.
   Six , *adj. numérique.*
   Ci , *adv. de lieu* pour *ici.*

2 Sciait (il) , 3ᵉ *pers. imp.* du v. scier.
   Sied (il) , 3ᵉ *pers.* du v. seoir ; convenir.

3 Signe , *s. m.* marque , indication.
   Cygne , *s. m.* oiseau.

4 Silice , *s. f.* sorte de terre.
   Cilice , *s. m.* chemise de crin.

5 Site , *s. m.* situation pittoresque.
   Scythes , *s. m. pl.* peuple d'Asie.
   Cite (je, il) , du v. citer.

6 Soc , *s. m.* fer de la charrue.
   Socque , *s. m.* chaussure élevée.

7 Soi , *pr. pers.* des deux genres.
   Soie , *s. f.* fil d'un ver.
   Sois (que je, que tu) , *subj. pr.* du v. être.
   Soit , *conjonction.*
   Souhait , *s. m.* vœu , désir.

Phrases.

1 La générosité consiste à se priver ⁷-même pour donner aux autres.

2 L'affabilité est l'ornement ;de la grandeur ; la fierté ne ² que dans l'infortune.

3 Le prophète Isaïe eut le corps coupé avec une ¹ de bois.

4 C'est un grand ³ de médiocrité de toujours louer modérément.

5 Les Romains tiraient la ⁷ de l'Orient et l'achetaient au poids de l'or.

6 Il y a quelque chose de si individuel dans le caractère qu'il ne sert jamais qu'à [7].

7 Autrefois les religieux se couvraient d'un [4].

8 Ce village est dans un [5] ravissant.

9 Pour les mauvais temps, les [6] sont des chaussures fort saines.

10 Comment le ciel pourrait-il remplir les [7] des humains, ils se contrarient tous.

11 On croyait autrefois que les [3] au moment de mourir chantaient très-mélodieusement.

12 La gaieté [1] bien à un jeune homme ; un air grave [2] à un vieillard.

13 L'homme qui [5] à tout moment les auteurs, ressemble à un homme qui, ne pouvant vivre de son revenu, est forcé de recourir aux emprunts.

14 Le mal qu'on dit de nous fait sur notre âme ce que le [6] fait sur la terre ; il la déchire et la féconde.

15 Celui qui pense toujours la même chose peut avoir tort tous les [1] mois.

16 La Russie était autrefois habitée par les Slaves, les [5], les Sarmates et les Finois.

17 Jupiter se montra à Léda sous la forme d'un [3], et à Europe sous la figure d'un taureau.

18 L'orgueil dans toute condition est un [3] de bassesse.

19 On n'aime personne autant que [7], tandis qu'on ne devrait craindre personne autant que [7].

20 La [4] entre dans la composition des pierres gemmes et de presque tous les quartz.

21 Les esclaves, [1] dociles et [1] soumis qu'ils se montrent, ne parviennent pas souvent à contenter leurs maîtres.

22 Il a un beau domaine [1] en Bourgogne et un château [1] en Franche-Comté.

23 Toute langue est un système de [3].

Homonymes.

1 SOIR, *s. m.* partie du jour.
SEOIR, *v. inf. pr.* être convenable.

2 SOL, *s. m.* terrain ; note de musique.
SOL (SOU), *s. m.* pièce de monnaie.
SOLE, *s. f.* poisson ; dessous du pied d'un cheval.
SAULE, *s. m.* arbre.

3 SOMMET, *s. m.* faîte ; la partie la plus élevée.
SOMMAIT (il), *imparf.* du v. sommer.

4 SOMMEIL, *s. m.* assoupissement de tous les sens.
SOMMEILLE (je, il), du v. sommeiller.

5 SON, *s. m.* bruit ; partie la plus grossière du blé.
SON, *adj. possessif.*
SONT (ils), *ind. pr.* du v. être.

6 SONDE, *s. f.* instrument pour sonder.
SONDE (je, il), v. sonder, mesurer une profondeur.
SUND (le), *s. m.* détroit en Danemark.

7 SONNET, *s. m.* genre de poésie.
SONNAIT (il), *imp.* du v. sonner.

8 SOPHI ou SOFI, *s. m.* ancien nom du roi de Perse.
SOPHIE, *n. pr.* de femme et de ville.

Phrases.

1 Un cheval est promptement blessé lorsqu'un de ses fers lui porte sur la ².

2 Le 4 est l'image de la mort.

3 La plupart des hommes ⁵ plus capables de grandes actions que de bonnes.

4 Le sage moissonne dès le matin ; l'insensé attend le ¹ pour glaner.

5 Un parvenu emprunte sa règle de ⁵ poste et de ⁵ état ; de là l'oubli, l'arrogance et l'ingratitude.

6 La ² est un poisson de mer plat qui ressemble un peu à la plie de nos rivières.

7 Peu d'hommes résistent comme le chêne; mais beaucoup plient comme le ².

8 Le fanatisme en délire ³ autrefois Dieu de se venger lui-même.

9 Le roi de Perse qui porte aujourd'hui le titre de schah portait autrefois le nom de ⁵.

10 Un ⁷ sans défauts vaut seul un long poëme.

11 Avant de porter la ⁶ dans les plaies de l'État, il faut être bien sûr du remède.

12 Le babillard est un vase vide qui rend beaucoup de ⁵.

13 La craie forme le ² d'une grande partie de la Champagne.

14   Le peu de bien qu'on fait au matin de sa vie,
        Est du bonheur amassé pour le ˡ.

15 Tout mot qui n'offre pas un sens précis n'est qu'un ⁵ vague.

16 Le détroit du ⁶ joint la mer du Nord à la mer Baltique.

17 Le ciel permet que le méchant ⁴ pour que le sage ait des moments de paix.

·18 L'impératrice ⁸, femme de Justin II, mit Constantin sur le trône et conspira ensuite contre lui.

19 Les ambitieux ne parviennent au ³ des grandeurs que pour tomber de plus haut.

20 Le premier coup de midi ⁷ quand le cortége a commencé à se mettre en marche.

21 Cette place qu'on ³ inutilement de se rendre a capitulé au premier coup de canon.

22 Il y a bien peu de sages qui ⁶ le terrain sur lequel ils doivent marcher.

23 Ceux qui ⁵ bons pour tout le monde, ne ⁵ bons pour personne.

Homonymes.

1 Sou, *s. m.* monnaie.
  Soûl, *adj.* saturé, rassasié.
  Sous, *préposition.*

2 Souci, *s. m.* ennui ; fleur.
  Soucie (je me, il se), *ind. pr.* du v. se soucier.

3 Soudan, *s. m.* sultan d'Égypte.
  Soudant, *part. pr.* du v. souder.

4 Soufflet, *s. m.* instr. pour souffler ; coup de la main.
  Soufflait (il), *ind. imp.* du v. souffler.

5 Soufre, *s. m.* substance minérale.
  Soufre (je, il), *ind. pr.* du v. soufrer ; enduire de souf.
  Souffre (je, il), *ind. pr.* du v. souffrir.

6 Soupir, *s. m.* respiration pénible.
  Soupire (je, il), *ind. pr.* du v. soupirer.

7 Souri, *part. passé* du v. sourire.
  Souris, *s. f.* petit animal ; — *s. m.* rire léger.
  Sourit (il), *ind. pr.* du v. sourire.

8 Soutien, *s. m.* support, appui, protection.
  Soutient (il), *ind. pr.* du v. soutenir.

Phrases.

1 Le [5], une des substances qui entrent dans la composition de la poudre à canon, est celle qui la rend si inflammable.

2 Le vice est si hideux qu'il n'ose se produire que [1] les traits de la vertu.

3 L'habitude de braver le danger affermit l'âme contre les [2] qui d'abord l'agitaient comme un roseau.

4 On a dit avec raison que le papier [5] tout.

5 Nul homme ne peut regarder en arrière sans pousser un [6].

6 Un [7] malicieux fait une satire d'une simple raillerie.

7 Il y a des gens qui parlent aussi longtemps qu'ils [5].

8 L'homme faible ne hasarde rien, l'homme fort [8] tout ce qu'il avance.

9 Avec vingt [1] ravis à vos caprices, vous pourriez rendre service à vingt infortunés.

10 Celui qui se [2] le moins du lendemain y arrive moins tristement qu'un autre.

11 L'homme est [1] l'œil et [1] la main de la Providence.

12 Soyez affable avec tout le monde, et souriez agréablement à qui vous [7].

13 Un cœur qui [6] tout haut serait heureux de pouvoir s'épancher.

14 Les volcans laissent dégager par leurs cratères une grande quantité de [5].

15 Bien des montagnes en travail n'enfantent que des [7].

16 Le plus grand [8] de la vieillesse est une longue habitude de la vertu.

17 Le titre de [3] était particulièrement affecté autrefois aux souverains d'Égypte.

18 Une maison abandonnée est promptement envahie par les [7] et les rats.

19 Un [4] ! sur mon front, ce seul mot prononcé
   Fait monter tout le sang que l'état m'a laissé.

20 Celui qui [8] trop ardemment sa foi, ne peut rester fidèle aux lois de la charité.

21 La tempête qui [4] alors avec violence a dispersé tous nos parents et tous nos amis.

22 Pour se consoler de ce que l'on [5], il faut songer à tout ce qu'on ne [5] pas.

23 Le [6] du juste, si faible qu'il soit, est entendu de Dieu.

24 Il y a des chicaneurs qui ne sont jamais [1] de procès.

25 Les gens dont le cœur s'est endurci par une trop longue prospérité se [2] fort peu des maux que [5] les autres.

Homonymes.

1 STATUE, *s. f.* figure de marbre ou de plâtre.
STATUE (je, il), *ind.pr.* du v. statuer, régler, ordonner.
STATUT, *s. m.* règlement.
STATU, *inv.* comme dans cette locut., le *statu quo.*

2 STIL, *s. m.* stil de grain ; couleur jaune pour peindre.
STYLE, *s. m.* manière d'écrire ; aiguille, poinçon.

3 STRASSE, *s. f.* bourre ou rebut de soie.
STRAS, *s. m.* composition qui imite le diamant.

4 SU, *part. passé* du v. savoir.
SUT (il), *passé défini* du même verbe.
SUE (je, il), *ind. pr.* du v. suer.

5 SUAIRE, *s. m.* linceul.
SUÈRENT (ils), *passé défini* du v. suer.

6 SUBSTITUT, *s. m.* suppléant.
SUBSTITUE (je, il), *ind. pr.* du v. substituer.

7 SUCE (je, il), *ind. pr.* du v. sucer.
SUSSE (que je), *subj. imp.* du v. savoir.
SUS, *adv.* et *interj.* qui sert à exhorter.

Phrases.

1 Les hommes sont comme les ¹ ; il faut les voir en place.

2 Les conquêtes de la vérité dépendent de la force du ² et de la lumière de l'expression.

3 On ne distingue pas, au premier coup d'œil, le ³ du diamant.

4 Les affaires restent dans un ⁴ quo déplorable.

5 Une incorrection de dessin est plus choquante dans une ⁵ que dans un tableau.

6 ⁷, compagnons, aux armes ! voici l'ennemi !

7 On fait de fort jolis châles de ³.

8 On [4] sous les perles et les diamants, et l'on gèle sous la soie.

9 On vend, en Italie, de petits tableaux représentant le saint [5].

10 Dans les affaires importantes, les procureurs du roi sont assistés de leurs [6].

11 La charité est le premier [1] et le plus important précepte du christianisme.

12 La monarchie absolue [6] l'intérêt des familles à l'intérêt des nations.

13 On ne [7] pas le bord de la coupe des plaisirs sans vouloir l'épuiser.

14 Quand on [1], il ne faut le faire qu'après avoir examiné longtemps.

15 Qui ne [4] se borner ne [4] jamais écrire.

16 Il y a des pauvres qui ne laissent pas de quoi leur faire un [5].

17 Le [3], composition qui imite le diamant, tire son nom de celui qui en fut l'inventeur.

18 Une sangsue [7] jusqu'à ce qu'elle se soit remplie.

19 Le peuple a renversé la plupart des [1] qu'il a élevées.

20 Ces malheureux [5] sang et eau, et ne tirèrent aucun profit de leur peine.

21 On doit se conformer aux [1] de toute société dont on est membre.

22 Il faut être [6] d'un avocat du roi avant d'exercer les mêmes fonctions comme titulaire.

23 Tel qui n'a jamais [4] se conduire a souvent [4] donner d'excellents conseils aux autres.

24 Les châles de [3] coûtent et durent peu.

25 Buffon a dit que le [2] est l'homme.

Homonymes.

1 SUCCIN, *s. m.* ambre jaune.
SUCCINCT, *adj.* bref, concis.

2 SUGGESTION, *s. f.* instigation; inspiration.
SUJÉTION, *s. f.* assujettissement; dépendance.

3 SUIE, *s. f.* matière noire produite par la fumée.
SUIS (je), *ind. pr.* des verbes être et suivre.
SUIT (il), 3ᵉ pers. du v. suivre.

4 SÛR, *adj.* certain.
SUR, *adj.* acide, aigre.
SUR, *prép.*

5 SYRIE, *n. pr.* d'une contrée d'Asie.
SCIERIE, *s. f.* moulin à scier.

T

6 TA, *adj. poss. f.* de ton.
TAS, *s. m.* amas.

7 TACHE, *s. f.* souillure, saleté.
TÂCHE, *s.f.* ouvrage, travail fixé; *il tâche*, v. tâcher.

8 TAIE, *s. f.* enveloppe d'oreiller; pellicule sur l'œil.
TAIT (il), du v. taire.
TES, *pl.* des deux genres de l'*adj.* ton.
TÊT, *s. m.* crâne, os frontal, tesson, bris d'un vase.
THÉ, *s. m.* arbrisseau; ses feuilles.

Phrases.

1 Il n'y a pas de gain plus ⁴ que celui de l'économie.

2 Je ne ³, disait Louis XIV, que le premier gentilhomme de mon royaume.

3 Le contentement ³ la vertu jusque dans l'infortune.

4 Un discours ¹ et plein de pensées, produit plus d'effet qu'une harangue prolixe.

5 Celui qui ne se meut que par ² est une machine bien dangereuse, surtout s'il est au pouvoir.

6 Le ¹ est un bitume aussi utile dans les arts que dans la médecine.

7 Il est aussi dangereux, quand on marche ⁴ un chemin glissant, de reculer que d'avancer.

8 Le châtiment ³ de près la faute.

9 L'égalité civile est la ² commune à l'autorité des lois.

10 Dieu a dit : Je ³ celui qui ³.

11 Les Européens ont établi de riches comptoirs en ⁵.

12 On donne le nom de ⁵ aux ateliers où l'on scie le marbre.

13 Un ⁶ d'intrigants, avec de grands mots, abusent tous les jours de la crédulité publique.

14 Si l'habit du pauvre a des trous, celui du riche a des ⁷.

15 Si l'on ne peut vivre heureux, il faut qu'on ⁷ de vivre tranquille.

16 On fait, en Angleterre, un plus grand usage de ⁸ qu'en France.

17 Un homme sage se ⁸ lorsque les fous crient.

18 Si le ciel faisait tomber de nos yeux la ⁸ de l'ignorance, nous serions dans l'éblouissement de l'admiration.

19 On devrait mettre à l'amende ceux qui jettent des ⁸ de bouteilles dans les rues.

20 Bien des gens qui se disent ⁴ de tout ne sont ⁴ de rien.

21 La ³ est une matière noire et épaisse produite par la fumée.

22 Que de gens on voit sourire pendant le jour, qui la nuit inondent de larmes leurs ⁸ d'oreiller.

23 C'est un défaut d'être prolixe et un défaut d'être trop ¹.

Homonymes.

1 TAIN, *s. m.* lame d'étain derrière les glaces.
TEINS (je, tu), du v. teindre, et il *teint*.
TEINT, *s.m.* coloris; teinture; et *p. passé* du v. teindre.
THAIN, *n. pr.* d'une ville de France. -
THYM, *s. m.* plante.
TIN, *s m.* pièce de bois pour soutenir un vaisseau.
TINT (il), *passé déf.* du v. tenir.

2 TANTE, *s. f.* sœur du père ou de la mère.
TENTE, *s. f.* pavillon.
TENTE (je, il), *ind. pr.* du v. tenter.

3 TAPI, *adj.* caché, blotti.
TAPIS, *s. m.* tapisserie de pied, de table.

4 TARD, *adv. de temps.*
TARE, *s. f.* diminution sur le poids réel ; vice, défaut.
TARE (je,il), du v. tarer, peser un vase; causer du déch.

5 TAUPE, *s. f.* petit animal.
TÔPE (je, il), du v. tôper, consentir.
TÔPE! *interj.*

Phrases.

1 Un conquérant est un joueur qui prend un million d'hommes pour jetons et le monde pour [3].

2 Qui n'a ni oncle ni [2], n'est jamais en querelle avec ses cousins.

3 Une enveloppe épaisse occasionne une [4] assez notable sur les marchandises d'un prix élevé.

4 Voyageurs aux sentiers de la vie, nous arrivons tôt ou [4] au même but.

5 Toujours [5] à l'égard de sa propre personne,
L'homme a des yeux perçants pour les défauts d'autrui.

6 L'homme ne peut pas plus changer son cœur que son [1].

7 Qui vit [3] dans son foyer, vit ignoré, mais libre et heureux.

8 Les abeilles aiment beaucoup le [1] et le serpolet.

·9 Toujours la gloire nous [2], et presque toujours elle nous trompe.

10 Ce n'est pas dans les manufactures qu'on met le [1] aux glaces.

11 L'or, même à la laideur, donne un [1] de beauté.

12 Après la mort de Patrocle, Achille, qui était resté longtemps oisif sous sa [2], revola au combat.

13 Pour toute amélioration, mieux vaut [4] que jamais.

14 Qui ne [1] pas sa promesse une fois ne doit plus prétendre à inspirer de la confiance.

15 En traversant la mer, les marchandises éprouvent souvent une [4] considérable.

16 Celui qui ne [2] que des voies honorables n'est pas sûr d'en rencontrer une qui le conduise à la fortune.

17 Les sentiers qui traversent le mont Hybla sont bordés d'épaisses touffes de [1].

18 Le laboureur [3] dans son obscurité,
    Jouit l'hiver des biens conquis durant l'été.

19 Un orphelin devrait trouver dans une [2] une seconde mère.

20 L'esprit de chaque enfant se [1] de bonne heure de couleurs ineffaçables.

21 La [5] vit sous terre et fouille au moyen de ses pieds de devant qui sont armés d'ongles tranchants.

22 Celui qui n'est pas [1] de vanité en est au moins arrosé.

23 Pour travailler à la quille d'un bâtiment on la fait porter sur des [1].

24 Il y a des gens à qui tout convient et qui [5] à tout ce qu'on leur propose.

Homonymes.

1 TEINTE, *s. f.* ton donné à la couleur.
TEINTE, *part. passé f.* du v. teindre.
TINTE (je,il), *ind.pr.* du v. tinter; sonner; faire sonner.
TINTES (vous), *passé défini* du v. tenir.

2 TEMPS, *s. m.* mesure de la durée; époque; températ.
TENDS (je, tu), *ind. pr.* du v. tendre; et il *tend.*
TAN, *s. m.* écorce de chêne.
TANT, *adverbe.*

3 TENSION, *s. f.* état de ce qui est tendu.
TANCIONS (nous), *imp.* du v. tancer.

4 TERME, *s. m.* fin; expression; statue en buste; dieu.
THERMES, *s. m. pl.* bains publics.

5 TERRE, *s. f.* sol, globe terrestre.
TAIRE, *verbe, inf.* garder le silence.
TER, mot invar. pour la troisième fois.

6 THÈSE, *s. f.* proposition à discuter, question de droit.
TAISE (que je, qu'il), *subj. pr.* du v. taire.

7 TIEN (le), *pr. possessif.*
TIENS (je, tu), v. tenir, et il *tient.*

Phrases.

1 Le [2] sert à la préparation des cuirs.

2 Certaines gens ont une grossièreté qui leur [7] lieu de philosophie.

3 Le [2] a quelquefois gâté les meilleures résolutions.

4 Selon l'ordre éternel, l'abaissement à son [4] comme l'élévation.

5 Avant de chercher à te faire des amis, commence par devenir le [7].

6 Quel est l'homme qui voudrait, si on lui offrait l'immortalité sur la [5], accepter ce triste présent?

7 On a besoin de tout le monde quand on ne [7] à personne.

8 Les 4 de Julien sont un reste précieux de l'architecture romaine.

9 Il vaut beaucoup mieux, en général, se 5 que de trop parler.

10 Le sage est ménager du 2 et des paroles.

11 Le mien et le 7 ont été la source de toutes les dissensions humaines.

12 Il y a en nous une force qui 2 toujours vers la vérité.

13 On parle de moi en ce moment, car les oreilles me 1.

14 Avant d'être reçu médecin ou avocat, il faut écrir une 6 et la soutenir en public.

15 La 3 de l'esprit use plus promptement le corps que ne le fait la 3 des nerfs.

16 A la fin d'un couplet on met bis ou 5 selon que le refrain doit être répété deux ou trois fois.

17 Quand le 2 a servi, on en fait des mottes pour le chauffage.

18 Chez les Romains le dieu 4 était le gardien des propriétés.

19 Il faut qu'un homme se 6, si ce qu'il veut dire ne vaut pas mieux que son silence.

20 L'hypocrisie ouvre et 2 ses bras en fermant son cœur.

21 L'homme 7 à ses opinions comme le chien 7 à l'os qu'il ronge.

22 Nos idées prennent la 1 de notre humeur, comme notre vertu prend la 1 de notre tempérament.

23 Rien n'empêche 2 d'être naturel que l'envie de le paraître.

24 Sachez 5 le premier ce que vous désirez que les autres 6.

Homonymes.

1 TIR, *s. m.* action de tirer une arme à feu ; lieu d'exerc
TIRE, *s. f.* à tire d'aile ; tout d'une tire.
TYR, *n. pr.* de ville.
TIRE (je, il), *ind. pr.* du v. tirer.

2 TIRANT, *part. pr.* du v. tirer.
TYRAN, *s. m.* prince ou maître absolu, cruel.

3 TIRET, *s. m.* petite ligne.
TIRER, *verbe.* amener vers soi ou après soi.

4 TOI, *pronom de la 2ᵉ pers.* des deux genres.
TOIT, *s. m.* couverture d'un bâtiment.

5 TON, *s. m.* manière ; inflexion de voix.
TON, *adj. possessif.*
TONDS (je, tu), du v. tondre et il *tond.*
TAON, *s. m.* grosse mouche.
THON, *s. m.* gros poisson.

6 TORE, *s. m.* moulure d'architecture.
TORT, *s. m.* erreur, dommage.
TAURE, *s. f.* génisse.
TORS, *adj.* qui est tordu.
TORDS (je, tu), *ind. pr.* du v. tordre, et il *tord.*

Phrases.

1 Quelques motifs qu'ils aient de se fâcher, deux amis
ont [6] quand ils se fâchent.

2 Un roi doit être le père et non le [2] de ses sujets.

3 Il n'y a point d'accident si malheureux dont les habiles
gens ne [1] quelque avantage.

4 L'or est le [2] de celui qui le possède.

5 Les riches qui n'ont jamais fait un repas sous l'humble [4]
du pauvre sont à plaindre.

6 Il y a des personnes qui, au [1], cassent la poupée à chaque coup.

7 La ville de ¹, qui fut pendant des siècles l'objet de la jalousie des rois d'Assyrie et de Babylone, n'est plus qu'un pauvre bourg connu sous le nom de Sour.

8 La philosophie a fait ⁶ un moment à la littérature et à la religion.

9 Tous les mots qui forment des expressions composées sont réunis par des ³ ou traits d'union.

10 Sous Pierre le Grand, on disait ⁴ et non pas vous ; un seul homme ne croyait pas en valoir plusieurs.

11 Une ⁶ peut devenir furieuse si elle est poursuivie par un ⁵.

12 Un peuple gâté par une liberté excessive est le plus insupportable des ².

13 Les ⁶, en architecture, sont les moulures rondes qui entourent la base des colonnes.

14 Celui qui provoque en duel doit s'imposer la loi de ³ en l'air ou de ³ le dernier.

15 Un bon pasteur ⁵ ses brebis et ne les écorche pas.

16 Le friand suce, le gourmand mâche, le goulu ⁶ et avale.

17 La pêche du ⁵ n'est pas chaque année également productive et abondante.

18 Le plus grand ⁶ que l'on puisse se faire à soi-même, c'est de faire ⁶ à tous les autres.

19 L'égoïste ¹ à lui le plus qu'il peut, sans s'inquiéter s'il fait ou non ⁶ aux autres.

20 Ce sont particulièrement les bœufs et les chevaux que les ⁵ tourmentent de leurs piqures.

21 Pour coudre quelque chose solidement il faut se servir de fil⁶.

22 Le mauvais ⁵ rend insupportable la société de beaucoup de gens d'esprit.

Homonymes.

1 TORTU , *adj.* ce qui n'est pas droit.
TORTUE , *s. f.* animal amphibie ; toit fait de boucliers.

2 TÔT, *adv. de temps.*
TAU, terme de blason ; figure du T.
TAUX , *s. m.* taxe, prix établi.

3 TOUCHER , *s. m.* et *verbe.*
TOUCHÉ, *part. passé* du v. toucher.
TOUCHEZ (vous) , du v. toucher.

4 TOUE , *s. f.* petit bateau.
TOUT , *adj. et pronom indéfini.*
TOUX , *s. f.* mouvement convulsif de la poitrine.

5 TOUR , *s. f.* bâtiment.
TOUR, *s. m.* machine de tourneur.
TOUR, *s. m.* mouvement, circuit, manière , ruse.
TOURD, *s. m.* poisson de mer.
TOURS, *n. pr.* de ville.
TOUR A TOUR , *adv.*

6 TOURNOI, *s. m.* exercice militaire.
TOURNOIS, *adj.* monnaie qu'on battait à Tours.
TOURNOIE (il) , *ind. pr.* du v. tournoyer.

7 TRACE, *s. f.* vestige, et v. tracer.
THRACE, *n. pr.* d'une ancienne contrée d'Europe.

Phrases.

1 Les hommes ont 4 une même origine.

2 On dit avec raison que l'esprit est rapide comme l'éclair, et le jugement lent comme la [1].

3 De toutes les villes de France, [5] est peut-être celle qui est placée dans la situation la plus délicieuse.

4 Voyageurs aux sentiers de la vie, les hommes arrivent [2] ou tard au même but.

5 Il faut 4 attendre et 4 craindre du temps aussi bien que des hommes.

6 Les ceps de vigne sont formés d'un bois [r].

7 Malheur à celui qui n'est pas [3] des plaintes et des soupirs des malheureux.

8 Ayez de l'ordre en [4]; l'économie est un grand revenu.

9 Suivez les honnêtes gens à la [7], et efforcez-vous de vivre comme eux. ,

10 Les livres [6] ont disparu depuis longtemps de la circulation.

11 Thésée vainquit une partie des monstres qui désolaient la [7].

12 Le [3] est celui des sens qui nous trompe le moins.

13 Un des plus grands [5] de force de la vanité, c'est de mourir avec grâce, comme les gladiateurs.

14 La noblesse seule pouvait, autrefois, entrer en lice dans un [6].

15 Il y a des assemblées politiques qui sont des images vivantes de la [5] de Babel.

16 On dit que la justice est boiteuse; mais elle arrive [2] ou tard.

17 Il y a une foule de serviteurs dont la fidélité n'a pas de [2] fixe.

18 Pour l'ambitieux [4] ce qu'il a n'est rien, et ce qu'il désire est [4].

19 L'esprit et le cœur sont [5] à [5] dupes de l'imagination.

20 La matière que vomit un volcan [6] au moment où elle sort du cratère.

21 Le [5] appartient au genre des poissons de mer épineux.

22 D'une petite [4] négligée peut résulter une grave maladie.

23 Une chose bien faite est toujours assez [2] faite.

24 Destouches et Rapin sont nés à [5].

25 Un coup de vent à fait chavirer la [4] au moment où nous croyions [3] le rivage.

Homonymes.

1 TRAIT, *s. m.* linéament, flèche, rênes.
TRAIS (je, tu), *ind. pr.* du v. traire, et il *trait.*
TRÈS, *adverbe.*

2 TRANSFERT, *s. m.* transport de rentes.
TRANSFÈRE (je, il), *ind. pr.* du v. transférer.

3 TRIBU, *s. f.* peuplade; classe de peuple.
TRIBUT, *s. m.* impôt, offrande.

4 TROC, *s. m.* échange.
TROQUE (je, il), *ind. pr.* du v. troquer, échanger.

5 TROIS, *adj. numéral.*
TROIE, *n. pr.* d'une ville de l'ancienne Asie Mineure.
TROYES, *n. pr.* d'une ville de France.

6 TROP, *adv. de quantité.*
TROT, *s. m.* allure d'un cheval.

7 TROU, *s. m.* ouverture, profondeur.
TROUE (je, il), *ind.* du v. trouer, percer.

8 TU, *pronom* de la 2ᵉ pers. du sing. des deux genres.
TU, *passé défini* du v. taire.
TUE (je, il), *ind. pr.* du v..tuer.
TUT (il), *part. passé* du v. taire.

Phrases.

1 En fait de louanges, la vanité dit comme cet enfant gourmand : Donnez-m'en⁶.

2 Il y a des passions qui sont des espèces de ³ que chacun doit payer.

3 Les Grecs ne connaissaient primitivement que ⁵ muses.

4 Une juste résistance ennoblit les ¹ que l'esclavage avait longtemps dégradés.

5 Un impôt sur les ² pourrait apporter un remède à l'agiotage.

6 L'étendard de la ³ de Dan avait pour emblème une aigle.

7 Nature,⁸ ne peux pas mentir, Dieu ne se contredit pas dans ses œuvres.

8 Il ne faut pas ⁶ regarder à travers les bonnes actions.

9 L'homme ¹ vertueux n'est qu'un homme ¹ raisonnable.

10 Le talent paie un cruel ³ à l'ignorance et à l'envie.

11 La paix dans un ⁷ vaut mieux que l'agitation dans un palais.

12 En tout, le ⁶ est ⁶.

13 Le voyageur cherche en vain des débris dans les champs où fut ⁵.

14 Les ⁵ derniers siècles ont produit ⁵ grands hommes, Louis XII, Frédéric II et Napoléon.

15 L'expérience apprend qu'il faut être ⁶ bon pour l'être assez.

16 On ² quelquefois la juridiction d'un tribunal dans un autre.

17 Échanger une chose contre une autre sans aucun retour, c'est faire ⁴ pour ⁴.

18 Pour l'ennuyé la journée est toujours ⁶ longue; il ⁸ le temps comme il peut.

19 Il y a en Afrique une foule de ³ ennemies les unes des autres.

20 On peut dédaigner les ¹ de la calomnie et être insensible aux ¹ de la satire.

21 Si certains chevaux ont le ⁶ doux et agréable, d'autres ont le ⁶ dur et fatigant.

22 Rome choisit pour combattants les ⁵ Horaces et Albe les ⁵ Curiaces.

23 Les vers ⁷ le papier, le drap et le bois quelque dur qu'il soit.

24 On ne ¹ pas les vaches plus de deux fois par jour.

25 La ville de ⁵, ancienne capitale de la Champagne, a été reprise par Charles VII et Jeanne d'Arc.

Homonymes.

U

1 Un, *adj. numéral.*
Huns, *s. m. pl.* ancien peuple.

2 Une, *adj. numéral f.* de un.
Hune, *s. f.* guérite au haut d'un mât.

3 Unisson, *s. m.* égalité de sons, rapport harmonieux.
Unissons (nous), *ind. pr.* du v. unir.

4 Urbain, *adj.* de la ville.
Urbin, *n. pr.* d'une ville d'Italie.

5 Us, *s. m. pl.* usages.
Eusse (que j'), *subj. imp.* du v. avoir.

6 Ut, *s. m.* note de musique.
Eûtes (vous), *passé défini* du v. avoir.
Hutte, *s. f.* petite cabane de bois ou de terre.

V

7 Vacant, *adj.* qui n'est pas occupé.
Vaquant, *p. pr.* du v. vaquer, être vacant; s'occuper à.

8 Vain, *adj.* présomptueux.
Vaincs (je, tu) du v. vaincre, et il *vainc.*
Vin, *s. m.* jus exprimé du raisin.
Vingt, *adj. num.* ; quatre-vingts, quatre-vingt-un.
Vins (je, tu), *passé défini* du v. venir, et il *vint.*

Phrases.

1 A [5] ans on ne compte pas les années, à quatre [8] on compte les jours.

2 Le peuple français, avec la réputation d'inconstant, est celui qui tient le plus à ses vieilles maximes, à tous ses [1] et coutumes.

3 4 s'honorera éternellement d'avoir donné naissance au plus grand de tous les peintres, à Raphael.

4 L'harmonie la plus ravissante pour l'homme [8] est celle des éloges.

5 Les marins donnent le nom de hautes voiles aux voiles de [2] et de perroquet.

6 Aétius, Théodoric et Mérovée défirent Attila, roi des [1].

7 L'exaltation de l'âme, quand elle est occasionnée par les fumées du [8], s'évanouit et tombe avec elles.

8 Les réserves de Rome aux bénéfices [7] n'ont pas été admises en France.

9 Le Lapon nous fit entrer dans sa [5], et nous y passâmes la nuit, enchantés d'avoir trouvé un pareil gîte.

10 Si Dieu l'avait voulu, les hommes n'auraient qu'[2] langue, qu'[2] religion, qu'[2] même forme de gouvernement.

11 Bien souvent [1] homme de plus, [1] homme de moins font le bonheur ou le malheur d'[1] peuple.

12 Nous donnons le nom d'[6] à la première note de l'échelle musicale; les Anglais l'appellent *do*.

13 La foi nous [8] de Dieu, le doute nous [8] de l'enfer.

14 Une charge dans la magistrature, [7] par la mort du titulaire, ne peut rester longtemps sans être occupée.

15 Fontenelle est mort à l'âge de quatre [8] dix-neuf ans et onze mois.

16 La France est le pays de l'Europe où l'on récolte le plus de [8].

17 L'Évangile pourrait mettre les esprits à l'[3] pour les cœurs.

18 Les castors se construisent des [6] beaucoup plus élégantes que bien des [6] de sauvages.

19 Dans un hôpital, un lit [7] ne reste pas longtemps inoccupé.

20 On ne [8] les passions qu'en fuyant l'objet qui les excite.

Homonymes.

1 VAINE, *adj. f.* de vain.
VEINE, *s. f.* vaisseau qui sert à la circulation du sang.

2 VAIS (je), *ind. pr.* du v. aller.
VÊTS (je, tu), *ind. pr.* du v. vêtir.

3 VALET, *s. m.* domestique.
VALAIS, *n. pr.* d'un canton de la Suisse.
VALAIT (il), *imp.* du v. valoir.

4 VAN, *s. m.* instrument pour vanner le grain.
VENDS (je,tu), *ind. pr.* du v. vendre, et il *vend*.
VENT, *s. m.* air, souffle.

5 VENTE, *s. f.* débit des marchandises.
VENTE (je, il). *ind. pr.* du v. venter, faire du vent.
VANTE (je, il), *ind. pr.* du v. vanter, louer.

6 VAUD, *n. pr.* d'un canton de la Suisse.
VAUX, *s. pl.* de val, *par monts et par vaux.*
VAUX (je, tu), *ind. pr.* du verbe valoir, et il *vaut*.
VEAU, *s. m.* petit d'une vache.
VOS, *adj. poss. pl.* des deux genres.
VAU, dans cette locut. fam. *à vau-l'eau.*

Phrases.

1 Les personnes sensibles veulent qu'on les aime, les personnes [1] veulent qu'on les préfère.

2 On [5] les temps passés parce que l'imagination se nourrit
de regrets comme d'espérance.

-3 La conscience est une fleur qui s'ouvre aux rayons du
soleil et qui se ferme au [4] orageux.

4 Ne [5] pas ton ami avant de l'avoir mis à l'épreuve.

5 Après une longue suite de générations, il ne coule plus
dans les [1] de l'homme une seule goutte du sang de ses
aïeux; il n'en a que le nom.

6 Je ² toujours devant moi ; et je ² sans savoir où je dois arriver.

7 Heureux celui qui n'est ni le tyran, ni le ³ de personne.

8 La fortune nous ⁴ quelquefois bien cher les biens qu'elle nous accorde.

9 La façon de donner ⁶ mieux que ce qu'on donne.

10 Le tambour, avec tout le bruit qu'il fait, n'est rempli que de ⁴.

11   Ce nigaud, comme un évêque assis,
    Fait le ⁶ sur son âne et pense être bien sage.
    —Il n'est, dit le meunier, plus de ⁶ à mon âge.

12 Que ⁶ exemples viennent toujours à l'appui de ⁶ leçons, si vous voulez qu'elles profitent.

13 Ce malheureux laisse aller depuis longtemps toutes ses' affaires à ⁶ -l'eau.

14 Malheur à celui qui ⁴ ses services et ses bienfaits.

15 Je suis, disait Rousseau, mon ³ afin d'être mon maître.

16 Ce soldat n'a pas de ¹ qui n'ait saigné pour la patrie.

17 Quelle que soit la distance qu'il y ait entre deux hommes, l'un ⁶ l'autre.

18 Petite pluie, dit le proverbe, abat grand ⁴.

19 J'ai passé dans le ³ six mois fort agréables.

20 L'homme qui a une âme ¹ est souvent le seul qui se ⁵ et qui s'applaudisse.

21 Le canton de ⁶ n'est pas un des cantons les moins agréables de la Suisse.

22 Poissy a un marché aux ⁶ fort considérable.

23 Je ne prête ni ne ⁴ mes bienfaits.

24 On nettoie le grain au moyen d'un instrument auquel on donne le nom de ⁴.

Homonymes.

1 VER, *s. m.* insecte.
VAIR, *s. m.* émaux d'argent et d'azur ; ter. de blason.
VERT, *s. m.* herbe qu'on donne aux chevaux.
VERT, *adj.* de couleur d'herbe.
VERRE, *s. m.* corps transparent et fragile ; vase à boire.
VERS, *s. m.* assemblage de mots mesurés et cadencés.
VERS, *préposition.*

2 VERRIER, *s. m.* ouvrier qui fait le verre.
VERRIEZ (vous), *cond. pr.* du v. voir.

3 VERSEAU, *s. m.* un des douze signes du zodiaque.
VERSO, *s. m.* seconde page d'un feuillet.

4 VERSÉ, *part. passé* du v. verser.
VERSET, *s. m.* passage de l'Écriture sainte.
VERSAIS (je, tu), *imp.* du v. verser, et il *versait.*

5 VOEU, *s. m.* souhait, promesse à Dieu ; offrande.
VEUX (je, tu), du v. vouloir, et il *veut.*

6 VICE, *s. m.* défaut, inclination mauvaise.
VICE, mot invar. dans vice-roi, vice-président, etc.
VIS, *s. f.* pièce de bois ou de fer cannelée en spirale.
VISSE (que je), *imp. du subj.* du v. voir.

Phrases.

1 La modération des grands ne borne que leurs [6].

2 C'est avec des globules de [1] creux qu'on fabrique les fausses perles.

3 Nos plus grands [5] prennent leur pli dès notre plus grande enfance.

4 Le gouvernement despotique a pour toute constitution ces mots : Je [5].

5 Une impulsion secrète nous fait tendre tous [1] le bonheur.

6 Dieu juste ! serait-il possible que tu [6] avec indifférence les [5] triomphants et la vertu souffrante.

7 Le ³ est la seconde page d'un feuillet, le recto est la première.

8 Il n'y a point de vérité morale ou politique qui ne soit en germe dans un ⁴ de l'Évangile.

9 Les plus jolis ¹ vides de sens sont comme des ˣ de cristal remplis d'eau claire.

10 L'air qu'on ⁵ se donner ne vaut pas celui qu'on ⁵ quitter.

11 Chacun de nous a une volonté qui lui est propre; aussi ne formons-nous pas tous les mêmes ⁵.

12 Avant que le Mexique eût secoué le joug espagnol, il était gouverné par un ⁶ -roi nommé par la cour de Madrid.

13 Autrefois les ² avaient obtenu des priviléges importants, et tous avaient le droit de porter l'épée.

14 Chaque vertu ne demande qu'un homme, la seule amitié en ³ deux.

15 Quand le soleil arrive dans le signe du ³, l'année devient ordinairement pluvieuse.

16 Toutes les ⁶ de ce cylindre se sont rompues à la fois.

17 Le remords ronge le cœur du méchant avant que le ˣ de la tombe ne lui ronge le corps.

18 Je lui ⁴ de l'eau à plein ¹ sans pouvoir étancher sa soif ardente.

19 Les ² meurent épuisés à la fleur de leur âge.

20 C'est ¹ la félicité éternelle, ou plutôt ¹ Dieu que tendent tous nos ⁵.

21 L'imprudent ne voit la vie qu'à travers un ¹ de couleur.

22 Le moindre ⁶ est pour l'homme une occasion prochaine de ruine.

23 Chaque recto et chaque ³ sont chargés de corrections.

24 Sachons borner nos ⁵, et nous serons facilement heureux

Homonymes

1 VIL, *adj.* méprisable.
VILLE, *s. f.* cité.

2 VIOL, *s. m.* violence.
VIOLE, *s. f.* instrument de musique.
VIOLE (je, il). *ind. pr.* du v. violer, enfreindre.

3 · VIOLANT, *part. pr.* du v. violer.
VIOLENT, *adj.* impétueux.

4 VOIE, *s. f.* chemin, mesure, moyen.
VOIX, *s. f.* son oral ; suffrage.
VOIS (je, tu), du v. voir, et il *voit.*
VOIE (que je, qu'il), subj. pr. du v. voir.

5 VOILA (il), *passé défini* du v. voiler.
VOILÀ, *préposition.*

6 VOL, *s. m.* larcin ; mouvement des ailes.
VOLE, *s. f.* terme de jeu, toutes les mains.
VOLE (je, il), *ind. pr.* du v. voler.

7 VOIR, *v.* apercevoir.
VOIRE, *adv.* même.

Phrases.

1 On ne doit ni se montrer, ni se cacher, mais se laisser 7.

2 La 4 de la conscience est si délicate, qu'il est facile de l'étouffer.

3 Les grands ne seraient pas aussi fiers, si les petits n'é-taient pas aussi 1.

4 La légèreté 4 gaiement les choses sérieuses, et 4 grave-ment les choses frivoles.

5 Tout gaspillage des riches est un 6 fait aux pauvres.

6 Une âme basse suppose toujours de 1 motifs aux actions les plus nobles.

7 Pour garder longtemps ses amis, il ne faut pas les 7 tous les jours.

8 On entend tous les soirs dans les rues jouer de la ? et de la cornemuse.

9 Dieu ⁴ nos actions et les juge avec équité.

10 Les eaux minérales agissent par la ⁴ des sueurs et purifient le sang.

11 L'habitant d'une capitale qui veut connaître sa ¹ doit prendre pour guide un étranger curieux.

12 On ne ² jamais impunément les lois de la nature et de l'équité.

13 L'homme le plus doux, mis hors de lui, devient le plus ³.

14 Quand l'ambition n'est pas la plus belle des passions, elle devient la plus ¹.

15 Le cœur saigne quand on ⁴ de près la misère du peuple.

16 Il y a des choses qu'il faut ⁷ pour les croire, et d'autres qu'il faut croire pour les ⁷.

17 Tout le monde sur ce point s'est trouvé du même avis, ⁷ votre cousin qui n'est jamais de l'avis de personne.

18 Ne laissez pas croître l'herbe dans la ⁴ de l'amitié.

19 La fortune, ⁵ notre espoir; le bonheur, ⁵ notre rêve.

20 En voyant ce joueur faire constamment la ⁶, on s'est douté d'une supercherie.

21 En ³ les lois humaines, on se rend coupable non-seulement envers les hommes, mais envers Dieu.

22 Le candidat que nous avons appuyé a réuni la majorité des ⁴.

23 Les dépenses d'un prodigue sont des ⁶ faits à ses héritiers.

24 La ⁴ qui mène au salut est étroite et glissante.

25 De toutes les ¹ du monde, Pékin est la ¹ la plus peuplée.

26   Sur le mont sacré

Qui ne ⁶ au sommet, rampe au plus bas degré.

Homonymes.

1 VOLATIL, *adj.* qui s'évapore.
  VOLATILE, *s. m.* animal qui vole.
  VOLATILLE, *s. f.* tous les oiseaux bons à manger.

2 VOLÉ, *part. passé* du v. voler.
  VOLER, *v.* faire un larcin; se mouvoir avec des ailes.
  VOLET, *s. m.* panneau qui couvre une croisée.

3 VOLETER, *v.* voler à plusieurs reprises.
  VOLTER, *v.* changer de place.

4 VOTRE, *adj. poss.*
  VÔTRE (le ou la), *pronom poss.*
  VAUTRE (je, il), *ind. pr.* du v. se vautrer.

5 VOUE (je, il), *ind. pr.* du v. vouer.
  VOUS, *pronom de la 2ᵉ pers. du pl.*

6 VU, *part. passé* du v. voir.
  VUE, *s. f.* faculté de voir, aspect.

7 VOYER, *s. m.* préposé aux chemins.
  VOYEZ (vous), *ind. pr.* du v. voir.

Phrases.

1 Qui n'aime à voir [3] les abeilles et les papillons sur les fleurs.

2 Il est facile à un homme de [2] la renommée ; dans ce cas, chacun prête la main au voleur.

3 Les parents qui gâtent leurs enfants les [5] au malheur.

4 Quand vous [7] certaines gens de fort près, c'est moins que rien ; de loin ils en imposent.

5 L'esprit-de-vin est tellement [1] que l'évaporation s'en opère dès qu'il est mis en contact avec l'air extérieur.

6 L'amour-propre à la [5] courte, il ne voit rien au delà de lui-même.

7 Les sauterelles sont du genre des [1].

8 Ne faites pas un crime à votre voisin de ne pas voir de même que [5]; [5] n'êtes pas à la même place:

9 On a considérablement augmenté le nombre des [7].

10 Autant le toucher concentre ses opérations autour de l'homme, autant la [6] étend les siennes loin de lui.

11 Ces chasseurs, pendant leur long séjour à la campagne, n'ont mangé que de la [1].

12 Il est des hommes qui se [4] orgueilleusement dans le vice et qui se pavanent de leur infamie.

13 Quand on fait des armes, il est important de savoir [3] vivement.

14 On m'a [2]. — Que je plains ton malheur !

Tous mes vers manuscrits. — Que je plains le voleur !

15 On trouve à la vallée deux fois par semaine toute sorte de [1].

16 Je porte envie à celui qui se [5] à Dieu, et je plains celui qui se [5] aux hommes.

17 Les voleurs ont brisé un des [2] du rez-de-chaussée.

18 J'aime à voir [3] les petits oiseaux au moment où ils essaient leurs ailes.

19 Que [4] âme et vos mœurs peintes dans vos ouvrages
N'offrent jamais de [5] que de nobles images.

20 L'homme perverti se [4] dans le vice, comme les animaux immondes se [4] dans la fange.

21 Celui que vous [7] devant [5], Romains, est accusé d'avoir attenté à la liberté pour laquelle [5] lui avez [6] exposer dix fois sa vie.

22 Pour [2] à la gloire, il faut s'ouvrir des sentiers nouveaux.

23 Il sut [3] avec une si grande légèreté, qu'il évita le coup que son adversaire lui portait droit au cœur.

Homonymes.

Y

1 YACK, *s. m.* espèce de taureau de Tartarie.
YACHT, *s. m.* petit bateau à voiles et à rames.

Z

2 ZÉPHYR, *s. m.* vent frais et doux.
ZÉPHIRE, *s. m.* dieu de la fable.
3 ZEST, mot fam., entre le *zist* et le *zest; et interj.*
ZESTE, *s. m.* pellicule d'un citron, d'une noix.
4 ZINC, *s. m.* métal.
ZINGS, *s. m. pl.* livres sacrés des Chinois.

Phrases.

1 On donne le nom d' [1] à un buffle à queue de cheval assez commun dans la Tartarie.

2 Un [1] est un bâtiment léger dont, en Angleterre et en Hollande, on se sert pour la promenade.

3 Dans le délicieux Éden, les [2], les ondes, les feuillages, les oiseaux, les insectes, tout enfin bruissait harmonieusement.

4 Le [4] est plus dur et plus sonnant, quand il est mêlé avec l'étain.

5 Il y a beaucoup d'objets précieux dont un ignorant ne donnerait pas un [3].

6 Les Amours, Flore et [2] voltigeaient autour du char de Vénus.

7 Les Chinois ont autant de vénération pour les [4], que les mahométans en ont pour le Coran.

FIN.